JN123377

多様な
教職ルートの
国際比較

教員不足問題を交えて

日本教師教育学会第11期課題研究III部（編）

佐藤　仁（編著）

学術研究出版

まえがき

　「誰か良い人いませんか？」大学の教職課程を担当する教員として、最近、特に耳にすることが多くなった。学校教員を探している声である。その声は、学校現場で働く卒業生や、同僚の大学教員（この場合も関係者からの声をつないでいるパターン）、そして学校現場を訪問した際に校長や教頭から聞かれる。教員不足という現実を身に染みて感じる瞬間である。

　日本では、ここ数年の間で教員不足問題が一気に表面化し、その対応策が矢継ぎ早にとられている。しかし、諸外国に目を向ければ、教員不足は常に議論されてきた政策課題である。その対応策の一つとして挙げられるのが、多様な教職ルートの整備である。例えばアメリカ合衆国では、大学で提供される「伝統ルート」に代わって、学区教育委員会やNPO等によって提供される「代替ルート」が1980年代から整備されている。代替ルートは教員免許取得に要する年限が短く、費用も伝統ルートに比べれば安価である。そのため、教員の量的不足への対応策として、全米各州で導入が進み、現在では「代替ルートはもはや代替ではない」という言葉すらある。

　こうした教職ルートの多様化は、専門職の育成という観点から脱専門職化と指摘されたり、大学以外の主体が参画することから規制緩和と特徴づけられたりし、否定的に捉えられる傾向にある。当然ながら、「誰でも先生になれる」という構造が存在することは、教員の質の保証や教職の社会的地位の確保といった観点からは、批判されるべきものであろう。ただし、多様な教職ルートが存在すること自体が、それを意味しているわけではない。アメリカ合衆国では、伝統ルートへの批判（アカデミックな内容に偏りすぎていること、マイノリティの教員を輩出していないこと等）を背景に代替ルートが存在している側面もあり、それは教師教育のあり方を問う存在となる。

　多様な教職ルートの現実を探ることによって、これまでの教師教育の姿を逆照射し、そしてこれからのあり方を問うことはできないか。こうした問題関心から、日本教師教育学会第11期（2020-2023）課題研究Ⅲ部（国際比較・交流）では、「多様な教職ルートの国際比較」を3年間の研究テーマに据えて、

8名（小野瀬善行、北田佳子、佐藤仁、張揚、辻野けんま、中田麗子、原北祥悟、牧貴愛、矢野博之）からなるメンバーで研究を進めた。

　課題研究Ⅲ部の担当理事として、本研究を進めるにあたっては、次の2点を常に気をつけるようにした。一点目は、各国の文脈であり、「どのような教職ルートが存在しているのか」という問いにとどまらず、「なぜ多様な教職ルートが存在しているのか」という問いを各国の教育的・社会経済的・文化的な文脈から捉えるようにした。二点目は、日本への意識であり、常に「日本の場合だと、どうだろうか」という議論をするようにした。この二つは、ややもすれば相反する立場となる。比較教育学の文脈で言えば、要因分析法と教育借用という古典的な議論・対立に陥ることになる。

　この難題を解決するには、とにかくメンバー間で議論するしかなかった。それは、意見の一致を目指す試みではなく、議論を通して、それぞれが研究・実践している対象の様相をさらに深く理解する試みであったように思う。この3年間はちょうどCOVID19の流行と重なったこともあり、オンラインでしか議論できなかった。にも関わらず、いつも刺激的な議論にあふれ、その成果を本書を通して世に問うことができたのは、メンバーの方々のご尽力のおかげである。この場を借りて、心より御礼を申し上げたい。

　本書では、課題研究Ⅲ部が企画したセミナーや学会大会での課題研究に登壇された方々にも、ご寄稿いただいた。突然のお願いにも関わらず、ご協力いただいたことに感謝申し上げたい。そして、本書の企画・出版に際しては、日本教師教育学会第11期の浜田博文会長、和井田節子事務局長、そして牛渡淳研究推進委員長に多大なご理解をいただいた。深く御礼を申し上げたい。最後に本書の出版に際し多大なご協力をいただいた学術研究出版の瀬川幹人さんと湯川祥史郎さんに感謝申し上げたい。

執筆者を代表して
日本教師教育学会第11期課題研究Ⅲ部担当理事　佐藤　仁

目　次

序 章

世界の多様な教職ルートを分析する

佐藤 仁

1．本書の目的

　本書の目的は、諸外国における多様な教職ルートの構造や実態を明らかにし、国際比較分析を通して、世界的な傾向や各国の特質を解明することにある。その上で、日本の教師教育制度・政策を世界的な傾向の中に位置づけ、その特徴を抽出することを目指す。本書で分析対象とする国は、ドイツ、ノルウェー、アメリカ合衆国（以下、アメリカとする）、イギリス（以下、イングランドを指す）、オーストラリア、タイ、中国、そして日本である。

　本書のテーマである「多様な教職ルート」とは、教員になるためのルートがいくつにも存在している状況を意味している。日本を事例に挙げれば、「大学における教員養成」の原則に基づき、教員になるためには大学・短大に設置された教職課程において所定の単位を取得して卒業し、教員免許状を取得する必要がある。このルートが「原則」であるが、実際にはこれ以外に、教職課程での学びを経ずに教員になるルートとして、教員資格認定試験、特別免許状、教職特別課程といったルートが存在している。また、アメリカに目を向ければ、教員養成を行う場は大学だけではない。教育に特化した行政区である学区（school district）の教育委員会やNPO等が教員養成プログラムを運営しており、1-2年間で教員免許状を取得できるルートもある。さらに、イギリスでも同様に、正教員資格を取得するためには、大学が提供する学士号取得後の1年間のコースや、複数の学校によって組織されるコンソーシアムが提供する学校ベースのコース等が存在している。

　こうした多様な教職ルートの存在は、特に欧米諸国で顕著にみられる傾向であることが指摘されている。Tatto and Menter（2019）は、大学を基盤とした教員養成が攻撃（attack）に晒され、教員養成の状況が大きく変化している点に関して、次の三つの政策動向がその背景にあると指摘している。それは、「(1) 教師の労働力を十分に学校に提供できるようにするという前提での代替的な教職ルート、(2) 競争は質を改善するという前提での教員養成の提供を仲介する市場、(3) 教師教育プログラムの自己評価や改善の力を高めることがほとんどない、外的に駆動される教師教育プログラムの評価スキーム」(p.10) である。特に、多様な教職ルートとセットで論じられるのが、市場化である。「教員の質」が教育政策論議の俎上にのり、教育の失敗が語られる

ようになると、これまで教員を養成していた大学、そしてその閉鎖的な仕組みに対して批判が集まる。そこで大学が独占していた「市場」を開放し、大学以外の組織が教員を養成することができる仕組みや、従来のルートは異なる形で教員免許や資格を付与する仕組みを構築する。結果として、多様な教職ルートが存在するに至るわけである。

　市場化の下で構築された多様な教職ルートに対しては、いわゆる「脱専門職化 (de-professionalization)」として批判されることになる。すなわち、「市場モデルは、競争と淘汰を内包しているので、専門職の既得権益を弱め、さらには専門職と素人との垣根を低くし、脱専門職化につながっていく」(加野 2010、8頁) ことになる。Milner (2013) もアメリカで展開している代替ルートや早道 (first-track) ルートに対して、「教えることを学ぶこと (learning to teach) は簡単で、すぐにできるというメッセージを送っている」(p.18) と指摘し、教職の専門職の地位を低下させるものだと批判している。

　他方で、多様な教職ルートの存在は、教員養成において学校現場の役割を拡大させて、現場で求められる教員を養成する試みであると指摘する「再専門職化」(ウィッティー 2004、104頁) の議論もある。この議論に依拠するのであれば、現実として多様な教職ルートが存在することをめぐっては、それを批判的な眼差しで捉えるだけでなく、多様な教職ルートがあることの意味そのものを考える必要がある。それは、小野瀬 (2004) がアメリカの代替ルートを研究するにあたって、「教員の基礎資格とは何であるのか、その資格を公的に保証するために如何なる公的な養成課程が必要なのかといった教員養成制度全体に論点を想起してしかるべき」(29頁) と指摘しているように、教師教育全体のあり方を問うことつながると考える。

　また、多様な教職ルートが存在する背景の一つには、教員不足という世界的に共通する問題がある。例えば、2021年の欧州委員会の報告によれば、ヨーロッパの35の国・地域で教員が不足していると指摘されている (European Commission／EACEA／Eurydice 2021)。教員不足は、特に2000年代に入ってから各国において教育政策における重要な課題とされてきた。その背景には、学力を中心とした教育の質の向上が各国の中心的な教育政策となっていく中で、その質に影響を及ぼす要因として、教員の質がクローズ

アップされてきたことがある。例えば、OECD の PISA 調査の結果では、「多くの校長が、質の高い教員の不足が、質の高い教育（特に数学と理科）を提供する学校の力を妨げていると感じている」(OECD 2018, p.128) と示されている。教職ルートを増やすことは、教員不足への対応方策の一つとされるわけだが、ここで議論される「教員不足」にも単なる量的な不足に限らず、地域差や教科・領域の差、そして「多様な人材」という観点からの不足といったように、様々な側面がある。その意味において、各国において多様な教職ルートが存在することが、教員不足という量的側面への対応方策にとどまらず、教師教育が抱えている問題を炙り出すことにもなろう。

　以上を踏まえて、本書では、多様な教職ルートの存在を単に批判的に分析するのではなく、各国の教師教育の制度的構造や実態を精緻に解明した上で、各国のコンテクスト（歴史的展開や政治経済、社会文化風土等）との関係性を踏まえながら、多様な教職ルートが存在する意味、そして多様な教職ルートが問いかけることの意味を検討していく。その上で、国際比較分析を通して、各国の共通点と相違点を明らかにする。

2．本書の経緯

　本書は、日本教師教育学会第 11 期課題研究Ⅲ部（以下、課題研究Ⅲ部）による 3 年間の研究活動（「多様な教職ルートの構造と実態に関する国際比較研究」）の最終成果である。そこで、以下、本書に至るまでの課題研究Ⅲ部の活動に関して、日本教師教育学会年次大会における課題研究および活動期間中に開催した研究会の内容を中心に整理しておきたい。

(1) 1 年目（2020-2021 年）

　1 年目は、そもそも諸外国においては、どのような教職ルートが存在しているのか、その実態はどうなっているのかといった各国の諸相を探ることを目的とした。2021 年 10 月に開催された第 31 回学会大会では、「諸外国における多様な教職ルートの諸相」と題した課題研究を企画し、以下の 4 つの報告が行われた。

・「アメリカ合衆国における多様な教職ルートの現状と課題」小野瀬善行（宇都宮大学）
・「ノルウェーにおける教員養成の高度化と多様化」中田麗子（信州大学）
・「中国における「特職教師」政策の実施背景と現状について—農村地域における教員不足の問題に着目して—」張揚（北海道大学）
・「ドイツにおける教師教育の変容—難民の教員養成からの示唆—」辻野けんま（大阪市立大学）

　報告の論点として提示されたことを羅列すると、量的な教員不足だけでなく質的な教員不足（例えば人種マイノリティの教員不足等）の問題、中国とノルウェーの事例にみられたへき地や農村部での教員不足問題、専門職としての性格を高めるための高度化の逆機能、そして教職ルートを提供するプロバイダの多様化の問題等がある。これらの論点をめぐっては、各国によって異なる様相を示した一方で、多様な教職ルートの背景にある教員不足の実態や構造、そして教員養成の高度化政策の逆機能については、各国に共通する問題として捉えられ、今後のテーマとして引き続き議論していくことになった。

(2) 2年目（2021-2022年）

　2年目は、1年目の学会大会において各国の多様な教職ルートの共通点として指摘された、教員不足の問題に焦点を当てることにした。当初の研究計画においては、教員不足の論点を盛り込んでいなかったため、まず教員不足の問題を捉える視角を探る研究活動を行った。具体的には、単に様々な国・地域の教員不足の状況を網羅的に探るのではなく、世界的な傾向と異なり「教員不足になっていない国」に焦点を当てて、その背景を探ることを通して教員不足の論点を絞ることを試みた。具体的には、以下の二回にわたる公開セミナー（オンライン）を開催した。

　まず、2022年6月に「韓国における教員需要・供給の背景を探る—教員養成制度の歴史的展開に焦点を当てて—」と題したセミナーを開催した。韓国において教員不足が問題になっていない背景には、給与や職業としての安定

性を特徴とする教職の社会的地位が考えられる。ただし、他方で教員養成機関の選抜度の高さや計画養成といった教員養成制度そのものの存在も無視することはできない。そこで、韓国の教員養成制度について、特に歴史的連続性や経路依存性を踏まえて理解することを目的としたセミナーを企画した。具体的に、以下の2名による報告が行われた。

・「韓国における教員養成前史と教員不足問題―植民地期の実態」山下達也（明治大学）
・「韓国ではなぜ教員不足が問題になっていないのか―教員政策をめぐる論点」田中光晴（文部科学省／国立教育政策研究所フェロー）

　セミナーでは、教員不足と供給過剰の状況が振り子のように展開されていること、現在の状況について、教員養成機関（大学）への入学における競争の存在、教員の労働環境改善、専門性向上の機会の確保といった方策が、教員不足が生じていない背景にあることが指摘された。
　次に、2022年8月に「フィンランドにおける教職人気の構造的特質と学校現場の実際」と題したセミナーを開催した。周知のとおり、フィンランドでは教職の人気が高く、教員不足が問題視されることはほとんどない。その教職人気の背景には、社会的地位（修士号が必要）、職業的安定性、学校の働きやすさ、教育に対する社会の関心といった、様々な要因が複雑に絡み合った構造がある。他方で、2022年4月に教師による大規模なストライキが行われており、学校現場に揺らぎが見られる。こうしたフィンランドの教員をめぐる実態を理解するために、以下のフィンランドの2名の研究者を招き、セミナーを開催した。

・「What makes teacher education attractive in Finland?」Jari Lavonen（ヘルシンキ大学・教授）
・「今日のフィンランド教員の現在地：トレンドと課題」矢田 匠（フィンランド国立教育研究所・ポスドク研究員）

ここでは、本書に含まれていないLavonen教授の報告を整理しておきたい。Lavonen教授は、なぜフィンランドでは教職という仕事、そして教員養成プログラムの人気が高いのかということを多様な角度から報告された。例えば、教員養成のカリキュラムという観点からは、研究に基づく教師教育という理念が共有されている点に加え、教育学部と理学部等の協働による修士レベルのプログラムの存在や、ヘルシンキ大学を事例とした実践的教育（教育実習等）やカリキュラムの工夫が紹介された。また、教員が働く環境として、「friendly」という特徴を挙げて、教職の自律性が尊重されていることや、教員間や保護者との協働の存在が指摘された。他方で、課題としては、教員間の協働には改善の余地があることや、継続的学習の充実といった点も挙げられた。

　これら2つのセミナーを踏まえ、2022年10月の第32回学会大会において、課題研究「諸外国における「教員不足」：議論の足場を探る」を企画した。わが国でも、2022年1月に教員不足に関する調査結果（文部科学省）が示されたことにより、教員不足をめぐる議論が過熱することになった。ただ、その議論をみると、一言で「教員不足」と言っても、何をもって「不足」としているのかという点において共通理解が曖昧であるために、論点が錯綜していた。教員不足は、教員定数に対する量的な問題なのか。そうではなく、普通免許状を有していない教員が数多く配置されているという問題なのか。こうした教員不足を議論するための足場をある程度固めた上で、教職ルートの多様化を含めた具体的な方策のあり方を検討する必要があると考えた。そこで課題研究では、教員不足に対する問題認識が各国・地域によってどのように異なっているのか（もしくは共通しているのか）を明らかにし、教員不足を議論するための足場を検討することを目的とした。セミナーでは、以下、3つの報告が行われた。

・「教員不足をめぐる国際的動向と日本の動向の整理」佐藤仁（福岡大学）、原北祥吾（崇城大学）
・「イギリスにおける教員不足に対する政策動向—教員の働き方改革と養成・研修制度を中心に—」植田みどり（国立教育政策研究所）
・「教員配置における「距離の暴虐」を克服する政策への道筋—オーストラリ

ア遠隔地の教員不足問題を事例として―」伊井義人（大阪公立大学）

　各報告を踏まえて、ディスカッションでは、日本に対しては臨時的任用教員に依存する教員政策の問題や臨時的任用教員の身分保障の問題、イギリスに対しては慢性的な教員不足の背景や教員不足に対する取り組みの評価、そしてオーストラリアに対しては日本の状況を捉える観点や社会的公正をめぐる議論に関わる論点が投げかけられた。また、イギリスやオーストラリアの状況から見れば、日本における教員不足問題をめぐっては、臨時的任用教員への視点が特徴的である点も指摘された。

(3) 3年目 (2022-2023年)

　最終年である3年目は、これまで議論してきた各国の状況を整理し、多様な教職ルートの意味を検討することを目的として、2023年10月の第33回学会大会の課題研究を企画した。これまでの研究を通して、教員になるためのルートが複数あるという状況は多くの国で共通しているが、その構造には相違点があることが見えてきた。例えば「主流」としての教員養成がありながら、緊急的に必要な場合に備えた仕組みがある場合や、「主流」の教員養成では質的・量的な教員不足に対応できないことから、ある種の「傍系」が確立している場合等、いくつかの類型が確認できた。またそれぞれの国で多様な教職ルートが存在する背景には、単なる量的な教員不足というだけではなく、各国における学校教育や社会環境の変化への対応といった側面もあることも看取できた。こうした各国の共通性や差異性を踏まえ、世界的な動向の背景にある各国独自のコンテクストを探りながら、多様な教職ルートの意味を考えるとともに、日本の教師教育の制度・実態を国際比較の枠組みから定位することを試みた。報告は、以下の通りである。

・「アメリカ合衆国における「教員不足」の現状と教職ルートの多様化について」小野瀬善行（宇都宮大学）
・「ノルウェーの教員養成～「主流」ルートの高度化と教員不足～」中田麗子（信州大学）

・「市場原理に基づく教職ルートを支える集権的な教員配置の諸政策を模索している中国の現状と課題―中国の農村地域における教員不足問題を解決できるか」張揚 (北海道大学)
・「ドイツの教師教育における主流と傍系」辻野けんま (大阪公立大学)
・「多様な教職ルートの類型化の試み」佐藤仁 (福岡大学)
・「日本における多様な教職ルートと教員不足―教員不足の実態と制度構造の整理―」原北祥悟 (崇城大学)
・「日本における多様な教職ルート開発の現状と今後の課題―東京学芸大学と Teach For Japan の連携による「教員・教育支援人材育成リカレント事業」に着目して―」北田佳子 (埼玉大学)

　本書は、特にこれらの報告の内容を中心に構成されているものである。ゆえに、それぞれの報告の内容及びディスカッションの論点については、各章を参照されたい。

3．本書の構成
　本書は、序章と終章を入れた全11章と二つのコラムから構成されている。各国の状況を記述した各章においては、以下の共通事項に触れるようにしている。なお、日本に関しては、二つの章（第8・9章）で共通事項をカバーするようにしている。

・国の基本情報：教育制度、教員の社会的地位や身分等
・多様な教職ルートの構造：教員免許を取得するための多様なルートもしくは教員採用の多様なルートの特徴
・多様な教職ルートがある背景：特に教員不足の状況
・特徴的な教職ルートや取組：各国における教職ルートに関する特徴的なものもしくは最新の状況

　各章の内容は、執筆者たちがこれまでに収集した文献資料やデータ、また関係者へのインタビュー調査や現地調査を通して得た情報がベースとなって

いる。以下、各章およびコラムの概要を説明していこう。

　第1章はドイツを対象にしている。ドイツの教員養成は、大学院修士課程までの教員養成とその後の2年間の試補勤務という二層構造の教員養成となっており、厳格な教職ルートが整備されている。そのため、制度上、教職ルートは多様化していないが、近年の教員不足を背景にその状況は大きく変化している。また、移民や難民の増加といった社会的状況の変化の中で、「難民の教師教育」の取り組みも進められている。

　第2章ではノルウェーを取り上げる。ノルウェーは、近年、大学の教員養成課程の高度化進めてきた一方で、教員不足の問題も抱えている。質的な教員不足に対しては、優秀な理数系教員を育成するオスロ市のプログラムや、移民・難民の背景を有する者（欧州外での教師資格を有する者）を対象にした補完的な課程などがある。量的な不足に関しては、特に北部地方において顕著であり、本来の教員に求められる要件を満たしていない教員が授業を行うケースもあり、その実態が問われている状況にある。

　第3章はアメリカのケースである。アメリカでは教員不足が深刻化しており、連邦教育省長官自らが、教員不足解消に向けた行動を州や学校区、そして大学に対して呼びかけている。教員不足に対する諸施策の一つして、一般的な免許状を取得するための教職ルートの多様化が挙げられている。アメリカの場合は、正規の教職ルートを「代替」するルートが、法制的に「正統なルート」として位置づいている点が、他国には見られない特徴となっている。

　第4章はイギリスを対象にしている。イギリスの教員養成は、大学における教員養成だけではなく、学校を基盤とする教員養成等、多様なルートが存在している。その背景にあるのが、教員不足である。ロンドンや社会経済的に不利な地域での教員不足が顕著であり、理数系や言語といった領域での不足も目立つ。この状況に対しては、教員の雇用と定着に関する戦略がとられ、初任期の教員への支援の充実といった策が講じられている。

　第5章ではオーストラリアを取り上げ、特に教員不足に直面している遠隔地の状況を検討している。遠隔地においては、教員の離任率が高く、在職期間が短い傾向にあることに加え、遠隔地に居住する生徒の教育ニーズに合致する専門性不足が指摘されている。遠隔地を中心に問題となっている教員不

足に対しては、教員志望者への奨学金プログラムや、臨時的教授認可プログラム、遠隔地出身の先住民のみを対象にした教員養成プログラム等が整備されている。

第6章ではタイを取り上げている。タイの教員養成（国立学校）は、大学で行われるものとされている。教員養成は2004-2018年までは1年間の教育実習を含む5年課程であったが、2019年からは4年制となっている。タイの教員不足は、特にへき地や国境地域において顕著にみられている。そのため、そうした地域にターゲットを絞った「プロジェクト型の教員養成」が大学で行われている。さらに、国境地域に住む児童生徒が通う「国境警備隊学校」の教員は、大学で養成されているわけではなく、国境警備隊学校の卒業生で一定の条件を満たしている者となっており、例外的なルートとして存在している。

第7章は中国のケースである。中国の教員養成は、師範大学等に限らない一般大学においても行われているため、質保証のために専門職基準の策定や教員養成専攻の認定等が行われている。中国では、特に農村部の教員不足が問題となっていることを背景に、優秀な教員を農村部に惹きつけるための支援政策（例えば、教師資格証書を有している大卒者を選考し、3年間農村部の非正規教員として働くようにする特別配置教師政策等）を打ち出し、対応している状況にある。

第8章および第9章は、日本の状況を論じている。第8章では、「大学における教員養成」以外の教職ルートとして、特別免許状や教員資格認定試験等の仕組みが整理されている。その上で、今日議論されている教員不足に関して、実態調査の方法や教員不足をめぐる言説から、例えば文部科学省が有する教員不足「観」を検討している。第9章では、「大学における教員養成」の原則を整理した上で、多様な教職ルートを考える一つの事例として、東京学芸大学とTeach for Japanによる「リカレント事業」を検討している。同事業の特徴としては、多様な人々が学校と社会を行き来する流動性を生み出している点や、大学とNPO組織の協働体制によるカリキュラム運営などが挙げられる。

終章では、本書で取り上げた8ヵ国の状況を踏まえて、多様な教職ルート

の類型化を試みている。類型化は、大きく二つの観点から示されている。一つめはメインとなる教職ルートの存在であり、多様な教職ルートがある中で「主流」となるようなルートの強さを軸に各国を分類している。二つめは「裏門」となる教職ルートの存在であり、いわゆる一般的な教員免許・資格を取得する以外のルートがどの程度あるかという点を軸にしている。これらの国際比較による類型化を踏まえた上で、最後にこれからの日本の教師教育のあり方を考える論点を提示している。

　また、本書ではコラムという形で、2つの国を取り上げる。コラム①では、フィンランドの教員をめぐる社会的状況に関して、教師教育や教員の働き方を中心に整理している。歴史的に高い人気のある教員は、5年制の大学で養成され、難関の入学試験を突破することが求められる。しかし、地方部では教員を採用することが難しくなっており、特別支援教育等の領域での教員不足の状況もある。また2022年には、教職員の賃上げとウェルビーイングの向上を訴えるために教職員組合によるストライキが行われており、教職の地位をめぐる議論が進められている。

　コラム②で取り上げる韓国では、2023年の段階では教員不足は生じていないが、歴史的には教員不足がたびたび生じており、その都度、多様な教職ルートが整備されてきた。日本統治期では、学校の増加に伴う教員不足が生じ、教員試験の実施や日本「内地」からの教員招聘等の措置が取られた。戦後においては、例えば1960年代の経済発展期において、教員の離職を背景に教員不足が生じている。その際は、2年制教育大学の増設に加え、教育大学に臨時初等教員養成所を設置し、速成的な養成が行われた。

　以上が、各章およびコラムの概要である。先述したように各章では一定の共通事項をカバーするようにしているものの、その内容には濃淡がある。本書では、量的に同程度の情報を踏まえた並列的な国際比較を念頭にも置いたが、課題研究Ⅲ部のメンバーで議論する中で、共通事項を論じるにしても、各国の文脈があまりにも大きく異なることも見えてきた。それは、社会における教員という職業の位置づけや、教員の仕事を支える労働制度・政策だけでなく、社会における学校の役割や「教える」ということの意味といった点にも及ぶ。そのため、各国の文脈に基づく分析も重視する観点から、執筆者

たちが多様な教職ルートを論じる際に必要と考える内容を盛り込みながら、各章の論が展開されていることを付言しておきたい。

引用・参考文献

・小野瀬善行（2004）「アメリカにおけるオルタナティヴな教員養成プログラムの現状：テキサス州ヒューストン独立学校区の実践を中心に」『教育制度研究紀要』第5号、29-43頁。
・ウィッティー、ジェフ著、堀尾輝久・久冨善之監訳（2004）『教育改革の社会学―市場、公教育、シティズンシップ―』東京大学出版会。
・加野芳正（2010）「新自由主義＝市場化の進行と教職の変容」『教育社会学研究』第86集、5-22頁。
・European Commission/EACEA/Eurydice (2021), *Teachers in Europe: Careers, Development and Well-being. Eurydice report.* Office of the European Union.
・Milner, H. R. (2013), *Policy Reforms and De-professionalization of Teaching*, National Education Policy Center. https://nepc.colorado.edu/publication/policy-reforms-deprofessionalization（2023年10月14日最終アクセス）
・OECD (2018), *Effective Teacher Policies: Insights from PISA*, OECD Publishing.
・Tatto, M. T., & Menter, I. (eds.) (2019), *Knowledge, Policy and Practice in Teacher Education: A Cross-National Study*, Bloomsbury Academic.

第1章

ドイツの教師教育における主流と傍系
―「難民の教師教育」からの示唆―

辻野 けんま

はじめに

　ドイツ連邦共和国（以下、ドイツ）では、長期にわたる養成を経て専門職として教職になっていくしくみが歴史的に構築されてきた。その一方で、近年の深刻な教員不足から十分な養成を経ずに入職する教員も増加している実態がある。2000年代以降の教師教育政策で極めて重要な役割を果たした著名な教育学者テルハルト（Ewald Terhart）は「新たに養成される教員の数は、将来的な需要を見据えて定員設定されたものとはなっていない」（Terhart 2007, p.46）とかねてより指摘していた。そして彼は、今日のドイツの教師教育がかかえる問題の根深さを、以下のように喝破していた。

　　ドイツの教師教育は、他の現代社会では発展してこなかったような固有の
　　構造によって特徴づけることができる。200年にわたる発展の歴史の中で、
　　当初は極めて質素だったものが、今日では非常に厳しい要求と入り組んだ
　　複雑な制度になってきたのである。（Terhart 2007, p.45）

〈高度な教師教育〉と〈深刻な教員不足〉というジレンマについて、以下本章で扱うことになるが、もうひとつ近年のドイツの教師教育を考えるうえで不可欠に重要な特質がある。それは〈難民の教師教育〉である。過去ナチズムの時代に多くの難民をつくりだし国外へ追いやってしまった反省から、戦後は外国からの難民受け入れを積極的に行う国へと転じた。「受け入れる」とは単に入国させるだけではなく、ドイツ社会で市民として様々なことをなす権利が保障され、国家・社会としてそのための制度整備の責務を果たすということである。教師教育の領域においては、2015年のシリア難民危機以来、研究者がイニシアティブをとる形で難民の教員養成が行われてきた。2023年現在では難民背景をもつ教員がすでにドイツの学校の教壇に多く立っている。
　このことがもつ意味を、難民受け入れをほとんど行っていない日本社会からとらえることは容易ではない。日本社会では独特な入国管理政策によって国家が鉄の壁を国境にひいており、われわれの社会には難民が「いない」こととなってしまっているからだ。ドイツにおける〈難民の教師教育〉は、教師教育ひいては公教育の未来像とかかわってわれわれの社会がまだ認識してい

ない問題を提起する。

　そこで、本章では今日的なドイツの教師教育をとらえるために、まず教育制度の概観と教職の特徴についてとらえたうえで、〈高度な教師教育〉と〈深刻な教員不足〉について述べる。そして、〈難民の教師教育〉について考察していくこととする。

1．教育制度の概観と教師教育の〈主流〉の論理

　教師教育について考えるとき、その社会の教育制度との密接な関係を見ないわけにはいかない。ドイツ連邦共和国は 16 の州（Land）からなり、教育にかかわる権能は各州に委ねられている。ドイツはいわゆる「分岐型学校制度」や「デュアルシステム」（二元的職業訓練制度）など、日本にはない学校制度上の特質をもつ。義務教育制度そのものも複雑なしくみをとる。就学義務（Schulpflicht）の原則をとる点は日本と同様であるが、学校卒業後の職業教育をも義務教育に組み込むというという点で、根本的に異なっている。つまり、ドイツにおける義務教育制度は、(a) 一般教育学校就学義務と (b) 職業教育学校就学義務から構成されているのだ[1]。

　2001 年の「PISA ショック」以来、教育制度全般にわたる大改革が州を超える規模でなされてきた。なかでも教師教育の領域は歴史的転換とも言える変革がもたらされた。ドイツの教師教育を読み解くためには、まず入職前の職業準備教育にあたる「養成（Ausbildung）」と入職後の「研修（Fortbildung ／ Weiterbildung）」とを峻別するところからはじめる必要がある。

　まず、教員の「養成」は、総合大学における大学院修士課程修了までの「第 1 段階」と、それに続く試補勤務の「第 2 段階」とから成る。1 州の例外を除きドイツに教育大学は存在せず、総合大学（Universität）での学術的な養成に始まり、修士課程修了後も法曹同様に試補勤務による実践的養成を経なければ、正規教員になることができない。最終的に国家試験に合格することで教

---

1)　デュアルシステムをもつドイツでは、労働者が就職しても雇用主に一定期間、職業教育学校へパートタイム就学させる義務が課されている。ここから、ドイツの義務教育は、(a) 一般教育学校へのフルタイムの就学義務と (b) 職業教育学校へのパートタイムの就学義務という区別がなされている。

員となる権利を得る。

こうした「養成」のしくみは、法曹や医師と並ぶ専門職養成と捉えられている。つまり、入職時には（少なくとも制度上）十分な養成を終えた専門職とみなされることとなる。ここから、入職後の「研修」については、専門職の自律的な営みとして各教員の主体性に委ねられてきた。

これら二段階の「養成」と入職後の「研修」とをあわせて「教師教育（Lehrerbildung）」と総称されている。この教師教育の全貌を図式化したものが図1.1である（ただし、州ごとの差異も大きい）。

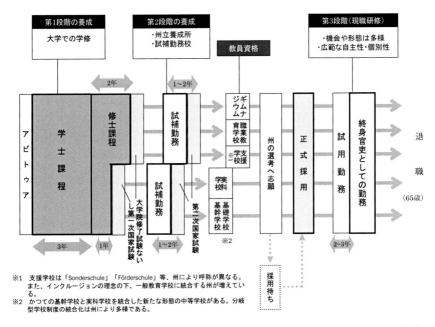

※1　支援学校は「Sonderschule」「Förderschule」等、州により呼称が異なる。また、インクルージョンの理念の下、一般教育学校に統合する州が増えている。
※2　かつての基幹学校と実科学校を統合した新たな形態の中等学校がある。分岐型学校制度の統合化は州により多様である。

（注）吉岡（2007）を一部改変し筆者作成。

図1.1　教師教育制度の概観

(1) 大学での養成（第1段階）

第1段階養成を担うのは、総合大学である。伝統的には、大学における学修を経て（学位取得ではなく）第1次国家試験合格により事実上卒業するという流れをたどってきた。しかし、ヨーロッパ高等教育圏を標榜するボロー

ニャ・プロセスの進行により、現在の大学における教員養成はすでに学士—修士の課程構造へと変革され、ヨーロッパの参加国間で共通の単位互換システム（ECTS）も導入された。

教職課程は、常設文部大臣会議（KMK: Kultusministerkonferenz ／全州の文部大臣が定期的に集い州間の調整等を図る合議機関）の教師教育スタンダードと対応した、「モジュール」と呼ばれる授業群から構成されている。各モジュールには、講義、演習、課題、試験等が系統的に配置されている。教員の専門的能力（Kompetenzen）を明示した KMK の教師教育スタンダードは、各州の法規、大学試験規程等に影響を与え、各大学ではこれらに対応する教育課程が編成されるようになった。とくに、スタンダードは、外部の認証評価（アクレディテーション）の際にも重要となる。

教育実習の長期化の動向も見られる。また、教育実習ゼメスターを導入する州も見られる。教育実習をめぐっては、実習を修士課程のみに配置するか、学士課程から配置するか州差がある。ボローニャ宣言の理念に照らせば、学士課程は教職以外の職業へも広く開かれるべきだが、ドイツの専門職養成の考え方から見れば実習を教員志望者以外に開くことは考えにくい（この点、教育実習参加者の多くが実際には教員にならない日本とは大きく異なる）。

しかし、第1段階の養成において、とりわけ大きな変化と言うべきなのは、多くの州で従来の第1次国家試験を廃止して大学独自の修了試験を導入したことだろう。いくつかの州では今なお第1次国家試験を維持したり、一度廃止した国家試験を復活させる州もあらわれている。ボローニャ宣言の理念に照らせば、大学の修了は大学独自の試験によるべきとされるが、国家の影響力が大学において後退することにつながるため議論がある。

一連の改革を学生生活の観点から見ると、課程を定められた期間の中で系統的に学んでいくこととなり、従来存在した学生の広範な自主性や選択可能性は結果的に制約されることとなった。

(2) 試補勤務（第2段階）

第2段階の教員養成は、州立の試補教員養成所（学習ゼミナール [Studienseminar] 等と呼ばれる）での養成と学校の部分勤務とを並行して進

められる。試補教員はいずれも大学院修士課程の修了者ないし第1次国家試験の合格者である。この要件を満たした教員志望者は、州文部省に試補勤務に入るための必要な申請を行う。試補教員としての勤務校が決まり採用に至ると、給与（正教員の3分の1程度）を得ながら試補勤務に入ることとなる。試補教員の身分は、官吏法上の「撤回しうる官吏関係」（Beamtenverhältnis auf Widerruf）」に位置づけられている。

　試補勤務の期間は1～2年間となっており、州により異なる。試補教員は、学校においては主として、①授業の参観、②指導教員参観の下で行う随伴授業、③単独で行う自立的な授業、に従事する。同時に、試補教員養成所にも通い、教授理論の講義をうけたり実践の振り返り等を行ったりする。

　なお、ドイツの学校の任務は日本と比べると、相対的に「授業（Unterricht）」に特化されているため、教員の任務の中核は「授業」となる。したがって、試補教員が身につけるべき専門性もまた、自ずと「授業」に高い比重が置かれることとなる。

　試補勤務の終期には（第2次）国家試験がおかれている。その内容は、①論文試験、②口述試験、③実技試験（授業実践試験）となっている場合が一般的である。試補教員は国家試験に一度不合格となっても再度受験することができるが、再受験で不合格となった場合には教職への道は断たれる。

　KMKおよび州の教師教育スタンダードは、試補勤務の段階にも適用される。実際に各州の試補教員養成所は、教師教育スタンダードに準拠しつつその内容を具体化する対応を進めてきた。その意味で、教育内容の改革が進行してきたと言える。ただし、試補教員養成所は高等教育機関とは異なるため、ここにボローニャ・プロセスの影響は及ばない。

　なお、試補勤務期間の短縮化の傾向もみられる。短縮化された場合、伝統的には2年間ほどかけて学んでいた試補期間中の学びをどう圧縮させるのか、また試補教員の過重負担をどう軽減するのか等が問題となっている。あわせて（第2次）国家試験の内容をどのように再編するのかも問われる。

　試補勤務の短縮化が大学段階での実習ゼメスターの導入等と連動している場合、財政削減政策といった批判も生じる。教育実習生には給与支給がなく試補教員には給与支給があるためである。

第２段階の改革が、一方では教師教育スタンダード等による内容面での系統化を指向しつつも、試補期間の短縮化など制度面での改革をともなっている。一般に教師教育改革を進めている州ほど試補勤務期間を短縮化している状況も指摘されるが（吉岡 2014）、教師教育の内実をいかに充実させるのか悩ましい現実があると言える。

(3) 現職研修（第３段階）

　第１段階および第２段階の「養成」を終えて国家試験に合格し、晴れて教員となった場合、一定期間の試用期間（Probezeit：通常１〜３年）を経て終身雇用の官吏（Beamte）となる。官吏には手厚い身分保障とひきかえに様々な義務が課されるが、研修もそのひとつである。なお、今日、終身雇用ではなく契約に基づく公務被用者（Angestellte）として教員を採用する州も見られるが、研修の実態において両者の区別はほとんどない。

　まず教員の研修義務については、一般的に州法等で規定されている。かなり具体的な研修規定をもつバイエルン州の例（榊原・辻野 2013）を見れば、州教師教育法（Bayerisches Lehrerbildungsgesetz）には「教員は自ら継続教育を進めるとともに服務上の研修行事に参加する義務を負う」（第20条２項）と明記される（州教員服務規程第９条２項も同様）。さらに、校長が招集する校内の専門会議（「教育研究日」を含む）も研修として活用されうる（第22条１項）。研修義務は４年間で12研修日（１研修日は約５時間で換算）以上、うち少なくとも３分の１は校内研修とされる。研修の形態は、①中央研修、②地方研修、③地域研修、④校内研修、の相関から捉えられており、上述のように校内研修が重視されている。一方、これと対極的に、ニーダーザクセン州では研修の大学への移管と「学術化」が進められている（前原 2014）。

　一般的なドイツの研修の実態としては、悉皆研修や集合研修のようなものよりも、任意で集まった少人数の参加者による研修が多いようである。研修の形態も多様であり、州の教員研修所が提供する研修もあれば、自治体が提供する研修もあり、さらに学校をベースとする研修もある。また、研修講師の話を聞くというイメージのものよりも、情報を交換したり討議をしたりする形式のものが多いようである。教員が研修の受け手になるばかりではな

く、研修の提供者になることも少なくない。

　今日、いずれの州でも第3段階の「研修」の改革が進められているものの、その内実は州ごとに実に多様である。先に述べた第1段階や第2段階の教師教育改革については、たとえば教師教育スタンダード、大学修了試験や国家試験、ボローニャ・プロセス、試補勤務の形態など、一定の特徴を描くことが可能であった。これに対して、第3段階の「研修」については、そもそも内容面での収斂の方向性やスタンダード化はほとんど見られない。

　すでに入職前に二段階の専門職「養成」を終えているドイツの教員は、専門職とみなされており、この論理が現職研修のあり方を規定している。教育行政機関による集合研修や悉皆研修などが成り立ちにくいばかりではなく、学校全体での継続的な一斉研修（校内研修）なども発展しにくい風土がある。

　長らく義務的な悉皆研修や集合研修のような制度を整備してこなかったドイツにおいて、今なお研修は本質的には個々の教員のニーズに発して自主的に行われるものとの認識が強い。そのため、日本のような悉皆による初任者研修や中堅教諭等資質向上研修、さらには教員免許更新制（2022年廃止）といったものはドイツには存在しない。ただし、個別性が高いがゆえに、研修の質に対して教員団体の側から逆にスタンダードを求める声さえある（榊原・辻野 2013）。

2．教師教育スタンダード

　ドイツの教師教育に通底する特質を概観したが、その実態は16ある州ごとに異なり、さらには大学はじめ各機関ごとにも多様である。しかし、90年代以降の改革論議や「PISAショック」後の教育政策は、州差を超える改革のうねりとなってきた。なかでも、「PISAショック」直後、KMK（常設文部大臣会議）が「7つの行動プログラム」として教育改革の具体を示し、教職専門性改善と教師教育改革がそのひとつに明確に打ち出された。

　そして2004年には最初の教師教育スタンダードがKMKより出され、教師教育のカリキュラムに州を超えた影響力をもつようになった。さらに、とりわけ第1段階にあたる大学での「養成」では、「ボローニャ・プロセス」というEUレベルの高等教育改革の追い風をうけて、教師教育改革の影響が先

鋭化する（Tsujino 2015）。

　KMK による「教師教育のスタンダード：教育諸科学」（KMK, 2004）は、どの教員にも通底する能力観を、「授業」「教育」「評価」「刷新」の 4 領域と、その下位にある 11 の専門的能力として示した。続いて、2008 年には「教師教育における専門科学および教科教授法に対する各州共通の内容的要請」（KMK, 2008）を決議し、教科ごとに求められる能力観を示した。さらに 2012 年には「試補勤務の構成および最終の国家試験に対する各州共通の内容的要請」（KMK, 2012）を決議し、試補勤務および国家試験の基準を示した。（以下、これらを総称して「教師教育スタンダード」とする。）

　教師教育スタンダードは行政当局がトップダウンで大学等の養成現場へ強要するものではなかった。2004 年の教師教育スタンダードには、KMK と教員団体の共同声明で描かれた教職観が反映され、スタンダード草案にはドイツ教育学会（DGfE）も支持を表明した。その後、KMK はインクルージョン理念を教師教育スタンダードの中へ受容し、2014 年と 2015 年に一部改訂し今日に至る（KMK 2014, KMK 2015）。

　かつて、第 1 段階養成を担う大学や第 2 段階養成を担う試補教員養成所において、教員養成志望者が何を学ぶのかの統一的な基準は存在しなかった。しかし、KMK の教師教育スタンダードが、共有されるべき教員の能力観を示したことで、各機関や各段階の連携が論理上可能となった。この意味で教師教育スタンダードは、転換期にあるドイツの教師教育改革の全貌を捉える重要な観点を供する。

　2014 年および 2015 年の教師教育スタンダードの改訂は、教師教育におけるインクルージョン理念の受容により、従来の「質保証」政策の中での形式的な能力観を超えるスタンダードへの質的な変化をもたらした。改訂部分は量的には文言修正にとどまるが、教師教育スタンダードがいわばドイツの教員に通底して求められる専門的能力を明示したものであることを加味するならば、そこにインクルージョン理念が受容されたことの意味は大きい。

　なお、教師教育スタンダードは、総花的なジェネラリストを想定したものではなく、授業とそれに付随する諸活動や学校経営参画に焦点化された教職像を描き出すものであった。一方、当初のスタンダードを策定したテルハ

ルト委員会の構想では、教職のスタンダードのみならず、行政のスタンダードなども含みこまれていたが、これらは具現化されなかった。現在、スタンダード自体が自明になりつつある中で、その功罪を問う議論も求められるだろう。

3．教師教育の〈傍系〉

　これまでドイツの教師教育における二段階の専門職養成や現職研修、教師教育スタンダードについて概観したが、これらはいわば〈主流〉の教師教育に位置づく。これに対して、近年の深刻な教員不足を背景として、〈主流〉としての専門職養成のプロセスを経ない者を〈傍系〉から教員として採用する傾向が拡大している。

　ドイツの教員不足の状況について、KMK（2022）は2035年までに学校の教員が23,800人不足と試算している。しかし、この試算よりもさらに深刻な教員不足を指摘する向きが複数ある。Deutsches Schulportal（2022）は、2022／2023学期始期に少なくとも30,000人の教員不足が生じるという、はるかに厳しい試算を提起している。また、Klemm（2022）の研究では、2035年までに127,100～158,700人の教員不足が生じるとしてKMK試算の数倍の不足状況が指摘されている。

　KMKは従前から「中途入職教員（Seiteneinsteiger）」を「通常、大学を卒業しているが教職のための第一次国家試験を修了しておらず、本来の試補勤務に就かないまま学校に採用される者」と定義している。この包括的な定義は、標準的な教員養成の過程から逸脱の度合い（あるいは補填の度合い）に応じて、更に「代用型中途入職 Seiteneinstieg」と「促成型中途入職 Quereinstieg」に区別される[2]。

　まず、「代用型中途入職」とは、二層構造の教員養成教育をまったく受けていない大卒者がそのまま教員として任用されるものを指している。「促成型中途入職」とは、教員養成教育の全部または一部を集中的に修め、国家試験の全部または一部に合格した後に教員として任用されるものを指してい

2）前原（2021）に詳しい。

る。これらはさらに以下4つのタイプに細分化することが可能である（前原2021）。

- ・タイプ1　単純な直接代用型中途入職（Direkteinstieg）…大卒であることを要件として、準備教育なしに学校へ教員として任用し、補充的な教職教育を予定しないもの。
- ・タイプ2　補充教育付きの代用型中途入職（Seiteneinstieg mit berufs-begleitender Qualifizierung）…大卒であることを要件として、準備教育なしに学校へ教員として任用し、勤務と並行して一定の補充的な教職教育を予定するもの。
- ・タイプ3　促成試補勤務型（Quereinstieg）…大卒であることを要件とし、第一次国家試験までの学修を省略して試補勤務に入り、試補勤務修了後に第二次国家試験を修了して正規の教員になるもの。この場合、制度理論的には教職と無関係の大学修了の学位が教職のための第一次国家試験または教育学修士の学位と同格とみなされていることになる。
- ・タイプ4　促成資格取得型（Qualifizierter Quereinstieg）…大卒であることを要件として、限定的な範囲の教育学、教科専門内容、教科教授法を集中的に学び、その後に試補勤務に入り、試補勤務修了後に第二次国家試験を修了して正規の教員になるもの。

　上記の類型化に従えば、全く養成されていないタイプ1から養成・研修が一定条件づけられたタイプ4に向かうほど、専門性の不足状況は軽減されることになる。しかし、いずれのタイプについても、〈高度な教師教育〉を伝統としてきた〈主流〉の教師教育にとっては、十分な専門性をもたない者を教壇に立たせることになるとの懸念が広がっている。日本のようにわずか数週間の教育実習のみをもって完結する一段階の教員養成が入職後のOJTに多くを期待しているのに対して、ドイツ社会の教員は入職時にはすでに専門職であることが求められる厳格な資格社会である。〈高度な教師教育〉を経た者のみが教壇に立つことができることを前提としてきた資格社会から見れば、

養成プロセスをスキップした者を教壇に立たせることは、いわば医師の世界において臨床実習を経ない者を医師として手術室に迎えるというがごとくの衝撃に近いものがある。

4．難民からの教師教育

　これまで見てきたのは主に、教員の量的不足を背景とした中途入職という〈傍系〉であった。次に、2015 年のシリア難民危機以降の新しい動向である〈難民の教師教育〉について述べる。そもそも〈高度な教師教育〉という〈主流〉の専門職養成制度を擁してきたドイツにおいて、〈傍系〉による教職への参入は制度的にも社会的受容においても非常に困難である。にもかかわらず、中途入職教員が拡大しているのは、未曽有の教員不足の状況があるがためである。一方、〈難民の教師教育〉は量的不足を補うためという論理よりも、ヨーロッパひいては世界で突出して多くの難民を受け入れてきたドイツが、難民に多様な職業へ就く機会を供して共生社会を実現しようとする理念に支えられている面が強い。

　そもそも、ドイツ基本法では庇護権[3] が保障されており、これを背景に難民の子どもは近年増加している。ひとつには 2015 年以来のシリア難民危機が大きな要因であるが、2022 年以来のウクライナ難民危機が重なっている。なお、ドイツにおいては、難民の子どもも就学義務の対象となっている。この点は、そもそも難民をほとんど受け入れていないばかりか、受け入れても就学義務を「国民規定」として運用してきた日本とは異なっている。

　〈難民の教師教育〉に先立って、すでに 2000 年代初頭には移民背景をもつ者の教員養成が拡大してきた。〈難民の教師教育〉の嚆矢はブランデンブルク州のポツダム・モデルとされるが、これを最も体系的につくりあげてきたのはノルトライン＝ヴェストファーレン州の「LEHRKRÄFTE PLUS（レーアクレフテ プルス）」であろう。このプロジェクトは、最初に同州のビーレフェルト大学において試行され、その後、州内の他の大学へと拡大していった。

3）基本法（Grundgesetz：憲法に相当）は第 16a 条 1 項「政治的に迫害されたものは庇護権を有する」と規定。

このプロジェクトへの参加要件は、①難民背景をもつこと、②出身国で教員養成の課程を修了し大卒教員資格をもつこと、③出身国で教員として勤務していた経験をもつこと、④B1 レベル以上のドイツ語能力を有すること、⑤1 年間のプログラム期間はフルタイムで専念できること、などだ。

　実際にこのプロジェクトに参加した者は、導入 1 年目の 2017 / 2018 年度から 2021 年 9 月現在までの間に、応募者数（調整済）で 270 名→2566 名（2017 / 2018 年度→2021 年 9 月の順。以下同様。）に増加している。また、プロジェクトへの参加者としては、24 名→175 名に増加した。性別でみると導入時に女性 8 名、男性 16 名で、年齢は 26～50 歳、出身国ではシリア 19 名、アフガニスタン 1 名、アルメニア 1 名、ギニア 1 名、パキスタン 1 名となっていた。出身国での教員勤務経験年数は平均 3 年～20 年とまちまちである。教科は英語 8 名、数学 5 名、アラビア語 4 名、フランス語 3 名、初等教員養成 2 名、スペイン語 1 名、物理／電気工学 1 名、政治 1 名、情報 1 名である。初年度の修了者数は 22 名→119 名であり、うち実際の在職者は 104 名という状況である。図 1.2 はこのプロジェクトの教育課程を図式化したものである。

ビーレフェルト大学「Lehkräfte Plus」の構成図

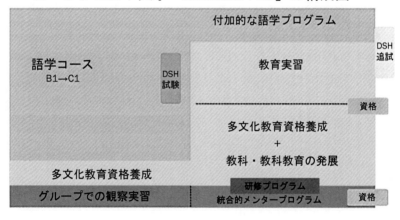

（注）Schüssler, Purmann（2021）を筆者が邦訳

図 1.2 「LEHKRÄFTE PLUS」の課程構成図

「Lehkräfte Plus」創設の立役者である R. シュスラー博士へ筆者が行ったインタビュー（2021 年 8 月 27 日／オンライン・インタビュー）によれば、このプロジェクトの背景や実態は次のように説明される。

- 2015 年に社会問題になる以前から、もともと難民支援に関心をもっていた。
- 2017 年にポツダム大プロジェクト Refugee Teachers Program に触発され所属先のビーレフェルト大学で着手した。
- ビーレフェルト大学モデルはドロップアウトがほぼ皆無
- 参加者のモチベーションも非常に高い。
- 立ち上げから 3 年が経ったが軌道に乗りつつある。
- 当初は文部省の支援のみだったが、その後、学術省の支援も加わった。
- 現在は同じ州内のルール大学など他にも拡がる。
- Bertelsmann Stiftung 財団を嚆矢として支援者・団体も増加

5．教師教育の課題

　長らく選別的な分岐型学校制度への批判が続いてきたドイツに、近年、インクルージョン概念が拡がり、教師教育スタンダードにも受容され改訂が加えられてきた。インクルージョン概念は、障がいの有無と結びつける狭義の定義だけでなく、すべての人々に開かれたインクルーシブな学校を標榜する広義の定義も存在する。移民や難民までも含めた教育を担うためのインクルーシブな教師教育（inklusive Lehrerbildung）をどのように実現していくのかが課題となるだろう。その際、スタンダードがインクルージョンとどこまで親和的になりうるのか厳しく問われることになるだろう。

　次に、ドイツの専門職養成のあり方が、教師教育の国際化の流れの中で問い返される課題がある。ドイツにおいて教職は、法曹同様に二段階の養成を経て国家試験に合格しなければ就くことができない専門職である。ひとたび入職すれば国家（州を指す）の官吏として教育に従事する。英米圏の自由専門職と対比した場合、ドイツの教職は「国家化された専門職（verstaatliche Professionen）」（Terhart 2008）の 1 つとされている。ボローニャ・宣言

が標榜するヨーロッパ高等教育圏の創設は、教職課程の構造をも大きく変えたが、それにより国際的な流動性が高まり教職そのものをも国際化（Internationalisierung）・脱国家化（Entstaatlichung）していく梃子となるのだろうか。あるいは教師教育スタンダードによってますますドメスティックな専門職養成が強固になってゆくだろうか。国家と専門職が緊密に共生してきたドイツの伝統において、岐路に立たされていると言える。

　教師教育の目的は、教員の力量形成にとどまらず、学校をよりよくしていくことに資するものでなければならない。そのため、教育経営の専門性の育成は、教師教育において重要な課題である。しかし、たとえばドイツの校長職ひとつを見ても、伝統的に校長固有の資格というものが存在せず、あくまで授業を担当する教員の一員であり、そこに管理・経営業務が付加された職との認識にとどまってきた⁴⁾。しかし、近年、学校を取り巻く状況の複雑化を背景に、学校経営の力量形成が問われるようになり、校長職養成も焦眉の課題となってきている。そのため、同僚中の第一人者としての校長の力量や、教員の側の教育経営の専門性の育成をどう形成するのかは、教師教育の範疇において問われる課題である。

　さらに、学校の限られた裁量を鑑みるとき、学校の自助努力の限界も自明である。ここから、教育行政の専門性育成も教師教育の埒外に置いてはならない課題となるだろう。この点、テルハルト委員会草案が投げかけた行政スタンダードの意義は注視に値しよう（辻野 2016）。

　変革された教師教育によってドイツの教師像はどのように変貌するのか。国家的な専門職とされてきたドイツの教員は、ヨーロッパの政治的・経済的統合とその綻び、さらには国境を超える移民・難民、戦争やテロなど、さまざまに生起するグローバルな課題に面し、その変容が迫られている。教師教育がこの課題をどう引き受けていくのかが問われている。

4）　学校の意思決定は、教員、保護者、子どもの教育参加に基づき、「学校会議（Schulkonferenz）」に象徴される当事者の合意形成が原則とされており、校長の主要な役割は会議の議長として多様な意見の中から合意をつくり上げることに置かれている。

引用・参考文献

・榊原禎宏・辻野けんま（2013）「ドイツにおける教員研修の制度と運用―バイエルン州にみる人的開発からの示唆―」『京都教育大学紀要』第121号、1-12頁。

・坂野慎二（2013）「学士課程及び修士課程における教員養成の考察―日本とドイツの比較から―」玉川大学教育学部紀要『論叢』25-46頁。

・辻野けんま（2016）「ドイツ教師教育改革におけるインクルージョン理念の受容と移民」園山大祐編著『岐路に立つ移民教育：社会的包摂への挑戦』ナカニシヤ出版、257-274頁。

・前原健二（2014）「現代ドイツの教員研修改革に関する考察―ニーダーザクセン州における教員研修の大学への『移管』の意義―」東京学芸大学『教員養成カリキュラム開発研究センター研究年報』第13号、31-44頁。

・前原健二（2021）「ドイツの中途入職教員関連施策の現状と課題」『東京学芸大学次世代教育研究センター紀要』第2巻、9-16頁。

・前原健二（2022）「ドイツにおける『中途入職教員』研究の現状」『東京学芸大学次世代教育研究センター紀要』第3巻、15-24頁。

・吉岡真佐樹編著（2007）『教師教育の質的向上策とその評価に関する国際比較研究』（平成16〜18年度科学研究費補助金（基盤研究B）研究成果報告書）。

・吉岡真佐樹（2014）「ドイツ教師教育における試補制度改革の現状 ノルトライン・ヴェストファーレン州を例として」京都府立大学福祉社会研究会編『福祉社会研究』第15号、93-106頁。

・Deutsches Schulportal (2022) Schuljahr 2022/23 –Lehrermangel verschärft sich weiter.

・Huber, S. G., and Lusnig, L. (2022), "Personalmangel in Deutschland, Österreich und der Schweiz; Problemlagen", *Hauptursachen und Lösungsansätze –ein Überblich zum Diskurs über den Lehrkräftemangel in Schulen*, schule verantworten, 2022. 3., S. 49-64.

・KMK (2004[2014]) *Standards für die Lehrerbildung: Bildungswissenschaften* (Beschluss der Kultusministerkonferenz vom 16. 12. 2004, i. d. F. vom 12. 06. 2014.). Berlin.

・KMK (2008[2015]), *Ländergemeinsame inhaltliche Anforderungen für die Fachwissenschaften und Fachdidaktiken in der Lehrerinnen- und Lehrerbildung* (Beschluss der Kultusministerkonferenz vom 16. 10. 2008, i. d. F. vom 11. 6. 2015). Berlin.

・KMK (2012), *Ländergemeinsame Anforderungen für die Ausgestaltung des Vorbereitungsdienstes und die abschließende Staatsprüfung* (Beschluss der Kultusministerkonferenz vom 06. 12. 2012). Berlin.

・KMK (2022), Lehrereinstellungsbedarf und –angebot in der Bundesrepublik Deutschland 2021-2035. Berlin.

・Klemm, K. (2022), *Entwicklunge von Lehrkräftebedarf und –angebot in Deutschland bis 2035; Aktualisierte Expertise*. Essen : Verband Bildung und Erziehung.

・Schüssler, R., and Purmann, K. (2021), *Abschlussbericht Lehrkräfte Plus: Erste Projektphase 2017-2020*, Universität Bielefeld.

・Terhart, E. (2000), *Perspektiven der Lehrerbildung in Deutschland; Abschlussbericht von der Kultusministerkonferenz eingesetzten Kommission*. Weinheim und Basel.

- Terhart, E. (2007), "Strukturprobleme der Lehrerbildung in Deutschland, In; Andrea Ohidy, Ewald Terhart", Jozsef Zsolnai (Hrsg.), *Lehrerbild und Lehrerbildung: Praxis und Perspektiven derLehrerausbildung in Deutschland und Ungarn*, VS Verlag für Sozialwissenschaften.
- Terhart, E. (2014), "Standards nach 10 Jahre", *DDS*, 106. Jahrgang, Heft 4, Waxmann. 300-323.
- Tsujino, K. (2015), "An Outsider's Viewpoint of Germany's Teacher Education Reform", *In: JISTE*, Vol. 19, No. 1, pp.85-96.

第 2 章

ノルウェーにおける教員養成の高度化と教員不足

中田 麗子

はじめに

　ノルウェーでは、教職に就くための最も一般的なルートは高等教育機関における教員養成課程を修了することであり、近年、小中学校の教員養成課程が修士レベルになるなど、このルートの高度化が図られてきた。

　一方で、教員不足の問題から、教員養成を受けずに授業を担当する教員が一定数いる。教育省は5年間の実務経験をもって教員としての要件を認めるという通知を出しており、やむを得ない場合のオルタナティブルートとして機能している。教員組合は、「教員養成課程を高度化することで学校の正門から入ることはより困難になっている一方で、裏門は開けっ放しである」という表現でこの措置を批判している。

　現在、政府は教員養成課程修了を唯一の教員の要件にしようと検討を始めた。主流の教職ルートを高度化し、それを唯一のルートにしようというのである。教員組合の見立てだと、長期的にはこれが教員不足解消にもつながるという。しかし、現実には教員養成課程を希望する学生は減っており、要件を満たす教員を採用できない学校の懸念は続く。

　本章では、ノルウェーの教員養成課程の高度化改革と、教員不足の問題をめぐる議論を紹介する。政府は、教員の質的な向上に対応するために主流ルートを高度化してきたと言える。またオスロ市は、理数系や移民・難民の教員を増やすための施策も行ってきた。一方、一部の地域や学校では教員の量的不足が生じているが、主流ルートの強化によって長期的に問題が解決するのかは不確実である。

1．教育制度と教員の要件

　ノルウェーは、スカンジナビア半島の大西洋側に位置する南北に長い国である。人口は約550万人（SSB 2023a）、面積は約32万㎢（SSB 2023b）[1]で、日本に当てはめると本州と北海道を合わせたほどの土地に北海道と同程度の人数が住んでいることになる。人口の約5分の1の約100万人が首都オスロとその近郊に住んでいる（SSB 2022a）。

1）　スバルバールとヤンマイエンを除いた面積。

義務教育は日本の小中学校に相当する基礎学校1年生から10年生まで
で、6歳から就学する。基礎学校は2,761校あり、約9割が公立である（SSB
2023c, p.9）。基礎学校の生徒数は約63万人、教職員は約12万人、うち授業を
行う教員は約8万人だ（SSB 2023d）。基礎学校修了後、約97％の生徒が3年
〜4年制の後期中等教育（日本の高校相当）に進む（SSB 2022b）。就学前はほ
とんどの子ども（1〜5歳児の約93％）が幼稚園（幼保一元化された施設）に
通っている（SSB 2023c, p.4）。本章では主に基礎学校に焦点を当てて論じる。

　ノルウェーの学校には様々な専門性をもった教職員が働いているが、その
うち授業を行うのが「教員（lærer）」である。

　教員の社会的地位が高いか低いかについては、意見が分かれる。教育
省は、教員養成の学生が周囲から受ける評価はあまり高くないが、教員
自身の満足度は比較的高いなどのデータを用いて、「教職の地位がとても
低いという証拠はなく、それなりに高い地位がある」と結論付けている
（Kunnskapsdepartementet 2009, p.84）。一方で、オスロ大学名誉教授のヨー
デル（Jordell）氏は、教師の社会的地位が高いと言われるフィンランドを引
き合いに出し、「フィンランドの教職の地位は、ノルウェーの教職が建国のた
めに重要な役割を果たしたおよそ100年前の状況のようである」と述べてお
り、現在の教職の地位が低いことを示唆している（Jordell 2020, p.242）。

　教員に求められる要件は法律で定められており、現行では能力要件になっ
ている。まず、教育法（opplæringslova）では、授業を行うためには「適切
な専門的・教育的能力」と、「授業をする教科に関する適切な能力」を持っ
ていることが必要であるとされている（Kunnskapsdepartementet 1998,
§10-1, §10-2）。また、要件をより具体化した教育法の規則（Forskrift til
opplæringslova）には、教員養成課程を修了しているか、相応の教育的能力を
持っていることとされている（Kunnskapsdepartementet 2006, §14-1）。担
当する教科に関する単位数も定められており、例えば小学校（1〜7年生）の
ノルウェー語、サーメ語（北欧先住民族サーメの言語）、ノルウェー語手話、

数学、英語を教えるためにはその教科で 30sp (studiepoeng)[2] の単位をとっている必要がある（§14-2）。中学校（8〜10 年生）で同教科を教える場合は 60sp の単位が必要である（§14-3）。

　一方で、実務経験をもって教員と認められる場合がある。教育省は、教育法の規則で定められた要件（§14-1）について通知を出しており、教員養成を修了しておらず、その他の教育学的な教育を受けていない場合でも、5 年間の実務経験があり、該当者が理論的・教育学的洞察力をもっていると判断された場合には、要件を満たしていると見なせると通知した（Kunnskapsdepartementet 2003）。

　このように、実務経験をもって教員の能力要件を満たすというオルタナティブルートはあるものの、現状では教員養成課程を修了している教員が約 75％、その他の教育学的な教育を受けている場合も含めると約 87％となる（SSB 2022c）。しかし、このような教育省通知や、法律の規定が教育要件ではなく能力要件になっているということについては批判もあり、現在、改革の動きがある。

2．教員養成課程

　教員になるための主流なルートは、全国の高等教育機関で提供されている教員養成課程を修了することである。教員養成課程は 19 校の総合大学およびユニバーシティ・カレッジで提供されており（Samordna opptak 2023）、法律でカリキュラムの枠組みが決められている。

　現在、基礎学校以上の学年を担当できる教員の養成は、ほとんどが修士課程である（表 2.1）。基礎学校の小学校（第 1〜7 学年）向けの教員養成（GLU1-7）と、小学校高学年から中学校（第 5〜10 学年）向けの教員養成（GLU5-10）は、それぞれ 5 年間の修士課程である。それ以外に、中高の学年を担当できる講師養成課程（修士）、実践・芸術系の教科教員養成課程（修士）、特定教科および職業教科教員養成課程（学士あるいは修士）がある。幼稚園

---

2)　ノルウェーの高等教育における学習単位。1sp は欧州単位互換制度の 1ECTS に相当する。1 セメスターで取れる単位数は 30sp。（参考：Store norske leksikon（2005-2007）; Hansen, Tor Ivar: *studiepoeng* i *Store norske leksikon*. https://snl.no/studiepoeng）

教員の養成は3年間の学士課程である。また、教員養成以外の学位を持っている場合は、1年間の実践的・教育学的教育（PPU）を受けて教員になる道もある。

表2.1　教員養成課程の種類

教員養成課程	年数・学位	担当可能学年・教科等
基礎学校教員養成課程（第1〜第7学年） grunnskolelærerutdanning 1.-7.	5年・修士	小学校（第1〜第7学年）
基礎学校教員養成課程（第5〜第10学年） grunnskolelærerutdanning 5.-10.	5年・修士	小（高学年）・中学校（第5〜第10学年）
講師養成課程 lektorutdanning	5年・修士	中・高校における2教科
教科および職業教科教員養成課程 fag-og yrkesfaglærerutdanning	3年・学士／ 5年・修士	小・中・高校および成人教育等における特定教科
実践・芸術系教科教員養成課程 lærerutdanning i praktiske og estetiske fag 1.-13. trinn	5年・修士	小・中・高校における実践・芸術系教科
幼稚園教員養成課程 barnehagelærerutdanning	3年・学士	幼稚園（幼保一元化された施設）、1年の継続教育で小学校低学年
実践的・教育学的教育（PPU） Praktisk-pedagogisk utdanning（PPU）	1年	教員養成以外の学位 （学士・修士）を持っている場合に受けられる、第5学年以降

（注）Utdanning.no (2023), Studier innen lærerutdanning (https://utdanning.no/utdanningsoversikt/
laererutdanning 2023年11月19日最終アクセス）より筆者作成。

　教員養成課程の枠組みは法律で定められている（UHR 2023）。第1〜7学年のための基礎学校教員養成の枠組みについての規定では、目的、学習のアウトカム（知識、スキル、一般的なコンピテンス）、内容と構造などが記されており、これをもとに全国的なガイドラインが策定され、各大学・カレッジはプログラムを作成することになる（Kunnskapsdepartementet 2016）。5年間のうちに最低110日間の実習、3〜4教科および教育学の学習、研究レポートの執筆、修士論文の執筆が含まれる。第5〜10学年のための基礎学校教員養成の枠組みでは、より少ない教科（2〜3）を深く学ぶことになっている。

3．教員の質的な向上のための対応
(1) 教員養成課程の高度化
　教員養成は、その創設から現在に至るまで、徐々に高度化してきたと言え

る。ノルウェーの教員養成機関は 18 世紀中頃から存在し、最初の国立の教員
養成機関（lærerutdanningsseminar：教員養成セミナー）は 1826 年に誕生し
た。教員養成セミナーは、20 世紀初頭に 3 年制、次いで 4 年制の教員養成学
校（lærerskole）となり、1973 年には 3 年制の高等教育（lærerhøgskole：教
員養成カレッジ）となった（Karlsen 2003a, pp.16-19）。その後、1990 年代に
4 年制になり（Karlsen 2003b, p.44）、高等教育改革によって総合大学あるい
はユニバーシティ・カレッジに教員養成学部として組み込まれた（Karlsen
2003c, p.86）。

　21 世紀に入ると、高度化はさらに進んだ。2000 年代は、「クンスカプスロ
フテ（Kunnskapsløftet：知識向上）」と呼ばれる改革によって学校教育のカ
リキュラムや教育ガバナンスが変革された時期である（中田, 2009, pp.125-
128）。この頃から、教員養成課程への入学要件の導入、養成課程の修士レベル
への引き上げ、主要教科を担当するための能力要件の導入と養成課程の専門
化が実施された。背景には、生徒の知識向上のためには教員がもっとも重要
なリソースであるという認識があり、課題とされていたのは、PISA 等の国
際調査で学力レベルが低い生徒が多く、数学への動機づけが弱いこと、社会
的背景による学力格差があること、3 割ほどの生徒が高校を修了できないこ
となどであった（Kunnskapsdepartementet 2014, p.10）。

　入学要件は、2005 年に、当時基礎学校の全学年向けの教員を養成していた
4 年制の一般教員養成課程（Allmennlærerutdanning）に導入された。それは、
ノルウェー語と数学で成績 3 以上、成績の平均値等で計算される学校ポイン
ト（skolepoeng）が 35 以上なければならないというものであった[3]。成績は 6
が最高値のため、平均して 3 〜 4 の成績をとっていることが求められたので
ある。2016 年には、さらに数学の要件が成績 4 以上に引き上げられた。しか
し、これに対しては批判も多く、特に北部では教員不足もあることから、現

---

[3]　学校ポイントは、成績ポイント（成績の平均値の 10 倍）、言語および理数系科目の追加
　ポイント、学部によって加算される性別ポイント等によって計算される。例えば平均成
　績が 4 であれば成績ポイントは 40 となり、これに追加ポイントが加算される（Utdanning.
　no, 2022, Slik beregner du poeng.（https://utdanning.no/tema/soknad_og_opptak/slik_
　beregner_du_poeng 2023 年 11 月 19 日最終アクセス）

在では以下の2種類の要件のいずれかを満たしていれば良いことになっている。すなわち、「ノルウェー語と数学で成績3以上、学校ポイント40」あるいは「ノルウェー語で成績3以上、数学で4以上、学校ポイント35」である（Kunnskapsdepartementet 2021, Kunnskapsdepartementet 2022）。

2009年には、基礎学校の全学年の教員を養成する一般教員養成課程から、第1〜7学年と、第5〜10学年の2つのより専門化した課程に再編することが提案された（Kunnskapsdepartementet 2009, p.16）。一般教員養成課程では、教科の知識を広く薄く学ぶため、教職の複雑化と個に応じた教育の提供に対応しきれないという課題意識があった。

同時に、徐々に5年間の修士課程を拡充していくことが目指された（Ibid. p.24）。2014年に政府が出した包括的な戦略「ラーレルロフテ（Lærerløftet：教員向上）」では、基礎学校教員養成を5年間の修士課程に移行することが打ち出され、2017年から実施された。

各教科を教えるための単位要件も強化された。それまで、2014年以前の一般教員養成課程を修了していた教員には単位要件は課されていなかったのだが、猶予期間は設けられたものの、全教員に現行の単位要件が課されることになった（Kunnskapsdepartementet 2014, p.25）。すなわち、小学校ではノルウェー語、サーメ語、ノルウェー語手話、数学、英語で30sp、中学校では60spを履修している必要があるというものである。

（2）理数系の教員養成

生徒の理数系教科の成績を向上させるために、優秀な理数系の教員を育成しようとする取り組みもある。オスロ市の「Teach First Norway（以下、TFN）」である。

TFNは2009年にオスロ市、エネルギー企業のエクイノール、オスロ大学の3者が協働して立ち上げた。イングランドのTeach First団体から認定を受けている。

TFNに参加できるのは、理数系の修士号・博士号を持っている学生である。2年間オスロ市の中学校・高校に勤務しながら、教員養成課程のひとつである実践的・教育学的教育（PPU）を含む複数のプログラムを受講する。配属

される学校は課題を抱えた学校が多く、そこでリーダーシップや結果を出すことを学ぶという（Teach First Norway 2018a）。プログラムの全貌は表 2.2 のようになっており、フルタイムで学校に勤務しながらこれらのプログラムに参加するため、負荷は大きい。TFN に参加するには、修士号・博士号以外にも、学業成績が優秀で、ノルウェー語と英語が流暢であり、リーダーシップの素質を持っていることも求められている（Teach First Norway 2020）。毎年十数人の参加者がおり、2018 年時点で、参加者の 55％がプログラム修了後も学校や教育機関で勤務を続けているとされている（Teach First Norway 2018b）。

表 2.2　Teach First Norway のプログラム

プログラム	時期、期間	内　　容
夏季セミナー	1 年目夏、5 週間	学校勤務を開始する前の準備研修。学校の夏季補習で教育実習。宿泊研修を含む。
実践的・教育学的教育（PPU）	1 年目、1 年間	フルタイムで学校に勤務しながら受講し、修了すると教員の能力要件を満たす。
エクイノール研修	2 年目、複数回	リーダー研修等。
メンタリング	2 年間通して	複数のメンターがつく（配属学校の教員、TFN メンター、オスロ大学教員等）。
ワークショップや研修	2 年間通して	数学や理科に焦点を当てたものや、外部講師による研修等。

（注）Teach First Norway ウェブサイト（https://www.teachfirstnorway.no/ 2023 年 11 月 19 日最終アクセス）の Programelementer から筆者作成。

（3）移民・難民の背景をもつ教員養成

　2023 年現在、ノルウェーの人口の 16％が移民であり、3.9％が移民の両親のもとノルウェーで生まれた人である（SSB 2023e）。両者を合わせると、人口の約 2 割が移民背景をもっていると言える。移民には難民の背景をもつ人も含まれ、移民人口の 31.9％、全人口の 5.1％を占める（SSB 2023f）。

　オスロメトロポリタン大学は、2017 年から教育省の委託を受け移民背景をもつ人のための補完的な教員養成課程を開始した。対象は欧州外で教員の資格を取得しているがノルウェーで教員として働く要件を満たしていない人である。1 年目には 4 人、2 年目には 8 人、3 年目には 24 人が入学した（Mejlbo 2019）。2023 年現在は、定員 30 人の 3 年間のプログラムで、隔年開講されて

いる。移民背景をもつ人の中でも難民が優先される（OsloMet n.d.）。参加者は、ノルウェーの社会や学校についての知識、教育学、教科について学び、教育実習を行う。また、特に1年次はノルウェー語学習も重視され、2年次が始まる前にCEFR（ヨーロッパ言語共通参照枠）のB2レベルのノルウェー語を習得していなければならない。

5年間の教員養成課程よりも短いが、学習の負担を考えると「決して近道ではない」という。同大学の教員によると、ノルウェー語の習得が課題であり、学習と教育実習に加えて、家庭での生活や仕事と組み合わせなければならない参加者が多く、非常にタフな課程だという（Mejlbo 2019）。

それでも、難民背景をもつ人がノルウェーで職業に就くことと、学校現場により多様な人材を入れる必要性から、重要なプログラムであると言える。

4. 教員の量的不足の問題
（1）統計から見る教員不足

現在ノルウェーでは、教員の量的不足も問題になっている。また今年、教員養成課程への入学希望者が激減したことも大きく報じられた（Utdanningsnytt 2023）。

ただ、量的不足の問題がどの程度なのかについては、統一された知見がない（Iversen et al. 2023, p.6）。ノルウェー統計局（Statistisk sentralbyrå; SSB）は3年ごとに将来の教員の需要と供給について推計しているが、2018年時点では教員不足を予測し、2021年時点では2040年にむけて教員が過剰供給になるだろうと予測した（Ibid., p.6）。

統一見解がないことの要因のひとつに、統計間の数値の差異が大きいことが挙げられる。教員不足を示す際に使われる代表的なデータには、ノルウェー統計局（SSB）のデータと、基礎学校情報システム（Grunnskolens informasjonssystem; GSI）があるが、要件を満たしていない教員の割合は両者で18-19ポイントほどの違いがある。そのため、どちらをもって教員不足を示すかによって、ずいぶん印象が変わる。

例えば、2022年のデータを見ると、SSBによる「教員養成を受けていない教員」の割合は約25％である。SSBは教員が受けた教育をもとに教員コンピ

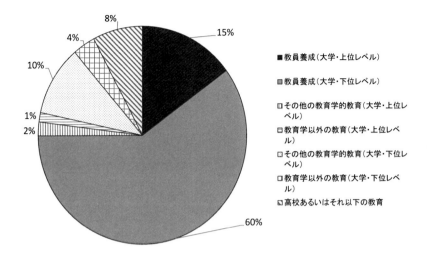

（注）SSB（2022c）, 12696: Ansatte lærere i grunnskolen, etter statistikkvariabel, region, kjønn, alder, kompetanse og år より筆者作成

図2.1　SSB における教員のコンピテンス

テンスを表しており、教員養成課程を修了している者は「教員養成（大学・上位レベル）」「教員養成（大学・下位レベル）」の2つになり、両者を合わせると75％になるためである（図2.1）。一方、GSI は、教育法および私立学校法[4]の能力要件を満たしているか否かを表している。そこで、第1〜7学年、第5〜10学年において要件を満たしている教員が「能力要件を満たしている教員」となり、それ以外が「能力要件を満たしていない教員」となる。後者の割合は約6％である（図2.2）。

　この違いについて分析した Iversen ら（2021）は、両者のデータのとり方の違いや定義の違いが影響しているとする。先述のように、SSB は教育歴によって区分しているが、GSI は教育法の規定における「教育的能力があるか否か」を基準としているため、教員養成を受けていなくても「適切な専門的・教育的能力がある」と認定された教員は能力要件を満たしていることになる。具体的には、例えば SSB における「その他の教育学的教育」は教員養

4）　私立学校法（privatskolelova）では、公的補助金を受ける私立学校の教員は、教育法における教員要件を満たすものとすると規定されている（§4-2）。

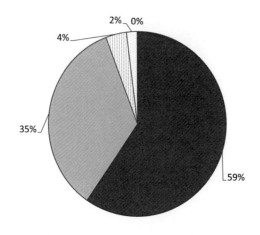

- ■教育法・私立学校法における能力要件を満たしている教員（第1〜7学年）
- ▨教育法・私立学校法における能力要件を満たしている教員（第8〜10学年）
- □教育法・私立学校法における能力要件を満たしていない教員（第1〜7学年）
- □教育法・私立学校法における能力要件を満たしていない教員（第8〜10学年）
- ■第1〜10学年を担当しているが第1〜7学年までの要件しか満たしていない教員

（注）GSI (2022-23), C. Årsverk og ansatte より筆者作成

図 2.2　GSI における教員の能力

成課程を履修中であったり、特別支援教育に関する教育を受けていたり、継続教育を受けている場合が挙げられるが、GSI ではそれらは要件を満たしていると数えられている可能性がある (Iversen et al. 2021, pp.41-42)。また、データをとるタイミングも異なり、GSI が 10 月に教員配置の年間計画を聞いているのに対し、SSB は 11 月のある週の教員配置についてのデータをとっている。SSB は、その時点で教職についている臨時教員（vikar）も 1 人としてカウントするが、臨時教員は教員養成課程を修了していないことも多い。Iversen らは、両統計の差は主に、①外国で受けた教育に対する認定の違い、②臨時教員の扱いの違い、③教員の数え方（人数で数えるか、人年 [årsverk: man-year] で数えるか）の違いに起因していると結論付けている (Ibid. p.64)。

（2）教員不足についての全国調査

　Iversen ら (2023) は、教員不足について独自の調査も行った。以下では、その報告書から見える教員不足の実態について紹介する。Iversen らは、全

国の学校を対象とした質問紙調査と、10の自治体・県へのインタビューを実施した（Ibid. p.7）。全体として、教員不足の深刻さは非常に多様であると結論づけている（Ibid., p.52）。また、調査時は全国的に失業率が低いという状況で、一般的には教職へのリクルートが難しい時期にあるとする（Ibid., pp.11-12）。

　教員不足がもっとも深刻なのは、地域的には北部の県、学年的には低学年、そして教科としては外国語と実践・芸術系科目だという。「教員を採用するのはどの程度難しいか」という質問に対し、「非常に難しい」「とても難しい」と回答した学校は、北部のノーランド県では約半数、トロムス・フィンマルク県では約35%だった（Ibid. pp.26-27）。また、回帰分析の結果、特に学校の規模と公共交通機関が近くにあるかという点が関係していることが浮かび上がった（Ibid., pp.32-33）。すなわち、学校規模が小さいほど、また都市部や自治体の中心部から離れていて公共交通機関の便が悪い学校ほど、教員採用が難しい傾向がある。

　調査では、教員採用のための自治体の工夫も聞いている。それによると、給与や学生ローン返済の減額などの経済的インセンティブよりも、研修や継続教育、メンタリングの提供を挙げる自治体が多い（Ibid., 2023, pp.44-45）。また、ノルウェーでは基本的に教員は各学校で採用されるが、採用プロセスについては多様性があるという。ほとんどの場合、募集から採用まで学校が行うか、自治体で募集し学校が採用する方式をとっているが、自治体が募集から採用までコーディネートする場合もある。Iversenらは、採用プロセス自体が教員採用の成否にかかわることもあるが、採用が厳しく、各学校に必要な能力要件を満たした教員を配置するために、自治体が一括して実施しているという説明もできるとしている（Ibid., p.38）。

　Iversenらの一連の研究では、教員不足問題においては臨時教員が鍵となっていることが示された。臨時教員は教員養成を受けていない可能性が高く、特に期中に生じる臨時教員の採用には困難がともなう（Ibid., p.19）。臨時教員は、固定の臨時教員の場合もあるが、学校内での配置換えや教員以外の職員をあてがうこと、教員養成の学生を雇うことなどがあるという（Ibid., p.36）。教員養成の学生の雇用は、学生が教員養成を修了したあとで正規の教員として雇える可能性があるという面でも有効な施策であり、学校と学生双

方にメリットがある。しかし、このようなことが可能なのは、教員養成機関が近くにある場合なので、この点で大学やカレッジから離れた場所にある学校や自治体は不利になる (Ibid., p.55)。

(3) 教員不足に関する議論

Iversen らの調査や、GSI のデータを見ると、ノルウェー全体では教員不足はそれほど深刻ではなく、局所的なものであると捉えることもできる。しかし、局所的・少数ではあっても、要件を満たしていない教員が授業をするということ自体、授業の質を担保するという意味では問題がある。

教員組合である教育組合 (Utdanningsforbundet) は教員不足を教職の地位と関連づけて問題視している。当組合のウェブサイトでは、「教員のみが教員だ」と記されている (Utdanningsforbundet n.d.)。また、教育組合が教員不足についてしばしば SSB のデータを用いていることからもわかるように、教員養成を受けていることが教員の要件として重要だという立場だ。そのため、実務経験5年間で要件を満たせるとした教育省通知には否定的で、組合長のハンダル (Handal) 氏は「学校の正門から入るのはいっそう難しくなっているのに、同時に、裏門は開けっ放しになっている」(Alver & Hulthin 2021) と批判した。同氏は「政府は教員になるために厳しい要件が必要だと主張しているが、同時に、5年間の実務経験で資格があるとみなされる。これは教職の地位を損ない、教師の、自分たちが評価されているかどうかの経験に影響する」とした (Ibid.)。

また、オスロ大学のヨーデル名誉教授は、特に北部における低学年の教員不足を問題視し、たびたび論評をしてきた。同氏は、「不適切な表現ではあるかもしれないが」と前置きをしたうえで、低学年における教員不足は、女子生徒・学生を教員養成および教職にリクルートできていないことによるとしている。なぜなら、低学年における教員の8割が女性という実態があるからだ (Jordell 2020, p.241)。

同氏は、政府による教員養成課程の高度化改革は教員不足に加担していると捉えており、変更を提案している。例えば、教員養成への入学要件の成績 (学校ポイント) を数ポイント下げること、修士論文は選択制にするこ

と、ベテラン教員の各教科に関する単位要件をなくすことなどである (Ibid. pp.245-247)。

　ヨーデル氏の主張からは、教員養成の高度化が一部の学年・地域にとってむしろ教員不足につながっており、高度化と教員不足解消がトレードオフの関係になりうることが示唆される。

5.「主流」を強化する改革の検討

　2023 年 8 月 21 日、教育省は、教員の能力要件を教員養成課程修了に限定するための法律改正を検討することを発表した (Mejlbo 2023)。これは、2024 年の夏から施行される新・教育法の改正案のひとつとして、教育省が教育組合や地方自治体協会 (KS) 等と合意したものである。教育省は、「適切な専門的・教育的能力」という文言を「適切な教員養成」に代替させたい意向で、この提案はヒアリングにかけられる (Kunnskapsdepartementet 2023)。実現すれば、教員としての資格は、能力要件ではなく教育要件として定められることになり、「裏門開けっ放し問題」には終止符が打たれることになる。

　移行期の措置はとられるとは言うものの、SSB のデータでは約 25％の教員が要件を満たさないことになるため、北部地方や低学年の教員不足がさらに深刻化しないか懸念される。報道では、北部地方にある学校の校長が、「問題は教員の絶対数が少ないことだ」と心配する声が取り上げられていた (Ropeid 2023)。一方、教育組合としては「教員のみが教員である」という主張が実現することになり、歓迎の意向だ。組合長のハンダル氏は、長期的には教員を増やすことにつながると楽観視している (Rognerød 2023)。

　教育法の改正案が実現すれば、ノルウェーは教職ルートを教員養成のみに限定することになる。高度化とあいまって、長期的に教職の地位を向上させ、教員養成・教職の志望者が増えるだろうか。あるいは、一部地方における教員不足が深刻化し、格差が広がることになるのだろうか。改革の行方に注目が集まる。

引用・参考文献

- 中田麗子（2009）「知識の質と不平等をめぐる教育改革の途上で」、佐藤学・澤野由紀子・北村友人編著『揺れる世界の学力マップ』明石書店、117-134 頁。
- Alver, V. & Hulthin, N. (2021-05-19), –Problematisk at folk uten lærerutdanning kan ansettes. *Utdanningsforbundet.*
  （https://www.utdanningsforbundet.no/nyheter/2021/-problematisk-at-folk-uten-larerutdanning-kan-ansettes/ 2023 年 11 月 19 日最終アクセス）
- Iversen, J.M.V., Krehic, L., & Haraldsvik, M. (2021), *Ulikheter i lærerstatistikk.* SØF-rapport 4/21. NTNU Samfunnsforskning AS, Senter for Økonomisk Forskning, Trondheim.
- Iversen, J.M.V., Krehic, L., & Haraldsvik, M. (2023), *Rekruttering av lærere ved norske skoler.* SØF-rapport nr. 04/23. Senter for Økonomisk Forskning, Trondheim.
- Jordell, K. Ø. (2020), "Krise i lærerutdanningen. Hva kan gjøres?", in Allern, S. (Ed.), *Kampen om Campus Nesna – Et debattskrift.* Orkana, pp. 239-251.
- Karlsen, G. E. (2003a), "Hvorfor en bok om lærerutdanning?", in Karlsen, G. E. & Kvalbein, I. A., *Norsk Lærerutdanning – Søkelys på allmennlærerutdanningen i et reformperspektiv.* Universitetsforlaget, pp.13-23.
- Karlsen, G. E. (2003b), "Ny allmennlærerutdanning - struktur, innhold og kompetanse", in Karlsen, G. E. & Kvalbein, I. A., *Norsk Lærerutdanning – Søkelys på allmennlærerutdanningen i et reformperspektiv.* Universitetsforlaget, pp.42-62.
- Karlsen, G. E. (2003c), "Styring av norsk allmennlærerutdanning - et makroperspektiv", in Karlsen, G. E. & Kvalbein, I. A., *Norsk Lærerutdanning – Søkelys på allmennlærerutdanningen i et reformperspektiv.* Universitetsforlaget, pp.82-100.
- Kunnskapsdepartementet (1998), *Lov om grunnskolen og den vidaregåande opplæringa (opplæringslova).*
- Kunnskapsdepartementet (2003), *Rundskriv F-025-03. Praktisering av forskriftsbestemmelsene om lærerkompetanse i skoleverket.*
- Kunnskapsdepartementet (2006), *Forskrift til opplæringslova.*
- Kunnskapsdepartementet (2009), *St.meld. nr. 11 (2008–2009) Læreren - Rollen og utdanningen.*
- Kunnskapsdepartementet (2014), *Lærerløftet. På lag for kunnskapsskolen.*
- Kunnskapsdepartementet (2016), *Forskrift om rammeplan for grunnskolelærerutdanning for trinn 1–7.*
- Kunnskapsdepartementet (2021-11-18), Regjeringen vil endre opptakskravene til lærerutdanningen.
  （https://www.regjeringen.no/no/aktuelt/regjeringen-vil-endre-opptakskravene-til-larerutdanningen/id2888359/ 2023 年 11 月 19 日最終アクセス）
- Kunnskapsdepartementet (2022-01-24), Breiare opptakskrav til lærarutdanningane frå 2022.
  （https://www.regjeringen.no/no/aktuelt/breiare-opptakskrav-til-lararutdanningane-

fra-2022/id2898084/ 2023 年 11 月 19 日最終アクセス）
- Kunnskapsdepartementet (2023), *Høringsnotat: Forslag til endring i reglene om hvem som kan ansettes i lærerstilling og forslag om å tydeliggjøre reglene om faglig ansvar for opplæringen.*
- Mejlbo, K, (2019-08-22), På to år har 12 studenter fullført hurtigsporet for lærere i Norge. *Utdanningsnytt.*
  (https://www.utdanningsnytt.no/laererutdanning-norskopplaering-oslomet/pa-to-ar-har-12-studenter-fullfort-hurtigsporet-for-laerere-i-norge/209479 2023 年 11 月 19 日最終アクセス）
- Mejlbo, K. (2023-08-23), Brenna vil lovfeste krav om at fremtidens lærere må ha lærerutdanning. *Utdanningsnytt.*
  (https://www.utdanningsnytt.no/kompetansekrav-ks-laererutdanning/brenna-vil-lovfeste-krav-om-at-fremtidens-laerere-ma-ha-laererutdanning/370265 2023 年 11 月 19 日最終アクセス）
- OsloMet (n.d.), Kompletterende lærerutdanning.
  (https://www.oslomet.no/studier/lui/evu-lui/kompletterende-lererutdanning 2023 年 11 月 19 日最終アクセス）
- Rognerød, E. T. (2023-08-21), Vil sikre elevene lærerutdannede lærere: – Gir elevene en bedre skolehverdag. *Utdanningsforbundet.*
  (https://www.utdanningsforbundet.no/nyheter/2023/vil-sikre-elevene-larerutdannede-larere/ 2023 年 11 月 19 日最終アクセス）
- Ropeid, K. (2023-08-23), Rektor om nytt krav om lærerutdanning:– Det er den totale lærermangelen som er utfordringen. *Utdanningsnytt.*
  (https://www.utdanningsnytt.no/laerermangel-laererutdanning-laereryrket/rektor-om-nytt-krav-om-laererutdanning-det-er-den-totale-laerermangelen-som-er-utfordringen/370389 2023 年 11 月 19 日最終アクセス）
- Samordna Opptak (2023), Studieoversikten: Universitet og høgskole–2023.
  (https://sok.samordnaopptak.no/#/admissions/12 2023 年 11 月 19 日最終アクセス）
- SSB (2022a), Tettsteders befolkning og areal.
  (https://www.ssb.no/befolkning/folketall/statistikk/tettsteders-befolkning-og-areal 2023 年 11 月 19 日最終アクセス）
- SSB (2022b), 11964: Overganger til og fra videregående opplæring, etter overgang, statistikkvariabel, år og region.
- SSB (2022c), 12696: Ansatte lærere i grunnskolen, etter statistikkvariabel, region, kjønn, alder, kompetanse og år
- SSB (2023a), Befolkning.
  (https://www.ssb.no/befolkning/folketall/statistikk/befolkning 2023 年 11 月 19 日最終アクセス）
- SSB (2023b), Areal av land og ferskvatn.
  (https://www.ssb.no/natur-og-miljo/areal/statistikk/areal-av-land-og-ferskvatn 2023 年 11 月 19 日最終アクセス）

- SSB (2023c), *Fakta om Utdanning – nøkkeltall fra 2021*.
- SSB (2023d), Ansatte i barnehage og skole.
  (https://www.ssb.no/utdanning/barnehager/statistikk/ansatte-i-barnehage-og-skole
  2023 年 11 月 19 日最終アクセス)
- SSB (2023e), Fakta om Innvandring.
  (https://www.ssb.no/innvandring-og-innvandrere/faktaside/innvandring 2023 年 11 月
  19 日最終アクセス)
- SSB (2023f), Personer med flyktningbakgrunn.
  (https://www.ssb.no/befolkning/innvandrere/statistikk/personer-med-
  flyktningbakgrunn 2023 年 11 月 19 日最終アクセス)
- Teach First Norway (2018a), Skolene i programmet.
  (https://www.teachfirstnorway.no/om-teach-first/larer-i-osloskolen/skolene-i-
  programmet/ 2023 年 11 月 19 日最終アクセス)
- Teach First Norway (2018b), Hva gjør de idag?
  (https://www.teachfirstnorway.no/om-teach-first/vare-studenter/hva-gjor-de-idag/
  2023 年 11 月 19 日最終アクセス)
- Teach First Norway (2020), Kvalifikasjoner.
  (https://www.teachfirstnorway.no/bli-teach-first-kandidat/hvem-soker-vi/
  kvalifikasjoner/ 2023 年 11 月 19 日最終アクセス)
- UHR (2023), Nasjonale retningslinjer for lærerutdanningene.
  (https://www.uhr.no/temasider/nasjonale-retningslinjer/nasjonale-retningslinjer-for-
  larerutdanningene/ 2023 年 11 月 19 日最終アクセス)
- Utdanningsforbundet (n.d.), Tall og statistikk om lærermangelen i skolen.
  (https://www.utdanningsforbundet.no/var-politikk/utdanningsforbundet-mener/
  artikler/larerutdannede-larere-til-alle-elever/tall-og-statistikk-om-larermangelen-i-
  skolen/ 2023 年 11 月 19 日最終アクセス)
- Utdanningsnytt (2023-07-24), Dramatisk nedgang i søkere til lærerstudier – ned 21,1
  prosent fra i fjor. *Utdanningsnytt*.
  (https://www.utdanningsnytt.no/laererutdanning-samordna-opptak/dramatisk-
  nedgang-i-sokere-til-laererstudier-ned-211-prosent-fra-i-fjor/367660 2023 年 11 月 19 日最
  終アクセス)

第3章

アメリカ合衆国における「教員不足」と
教職ルートの多様化の今日的状況

小野瀬 善行

はじめに

　アメリカにおいては長年にわたり「教員不足」が課題になっており、その解決のために様々な施策が実施されてきた。特に 1980 年代後半から、オルタナティブな教員資格認定制度（alternative route to teacher certification、以下 ARTC）が全米各州において広く導入されている。ARTC プログラムは、1-2 年程度の準備教育（実際の学校現場における教育実習を含む）を経て教員免許状を取得する従来までの大学や大学院における伝統的な教員養成（college- or university-based teacher education）とは異なり、大学において教員になるための準備教育を受けていない大学卒業生（学士号取得者）を対象として、短期間の準備教育や学校現場における実際の勤務を通して資格認定を行っていくプログラムである。同プログラムは、大学や大学院に限らず、学校区（school district）や民間団体により提供されるものもある。その結果、アメリカでは教員資格取得のためのプログラムの内容や方法の多様化、すなわち教職ルートの多様化が進行しており、さらに教員養成プログラムの提供主体の多様化も進行している。中には Teach For America のような全米的なネットワークを誇る提供主体も存在し、多くの参加者を集めている。

　以下、本章では、アメリカにおける今日的な「教員不足」の現状を確認し、ARTC プログラムの整備確立を通した教職ルートの多様化について特徴と課題を明らかにしていく。そして日本の教員任用についての示唆を述べたい。

1. アメリカにおける「教員不足」の現状とその背景
(1) アメリカにおいて「教員不足」とは何を意味するか

　2022 年 3 月 28 日、連邦教育省長官のミゲル・カルドネ（Miguel Cardona）は、以下の声明を出している[1]。

---

1) U.S. Education Secretary Miguel Cardona Calls on States, Districts, Higher Ed Institutions to Address Nationwide Teacher Shortage and Bolster Student Recovery with American Rescue Plan Funds.
（https://www.ed.gov/news/press-releases/us-education-secretary-miguel-cardona-calls-states-districts-higher-ed-institutions-address-nationwide-teacher-shortage-and-bolster-student-recovery-american-rescue-plan-funds 2023 年 9 月 29 日最終アクセス）

適切な準備教育を受け、十分な支援や給与が保障された、多様性を有する教育者集団が児童生徒の成功の基盤であるということを私はずっと承知している。教育者の欠員や他の職員の不足は、最も深刻な影響が及ぶことになった有色人種の児童生徒、農村部に住む児童生徒、低所得層の児童生徒、障がいのある児童生徒、多言語学習者を立ち直らせようと努力をしている我々の学校にとって、真に挑戦しなければならないことである。

　この声明にあるように、アメリカでは新型コロナウイルス（COVID-19）の感染拡大により教職員の欠員や不足の状況が全米的により深刻になり、この状況への対応が国家的憂慮事項となっている。さらに、この状況が低所得者層の児童生や人種的あるいは言語的マイノリティの率が高い学校に現れていることが示唆されている。

　2022年10月に全米教育統計センター（National Center for Education Statistics、以下NCES）が公表した資料[2]を参考に、アメリカにおける「教員不足」の現状を確認したい（これ以降の3段落における具体的な数値は同資料からの抜粋である）。

　まず同資料によれば、全ての公立学校の教職員数において4％の欠員が生じている。全ての公立学校で配置が必要な教職員のうち4％が欠員の状況にあり、教職員の配置率が96％に留まっている。この結果はあくまで教職員の配置ができたかどうかの結果であって、当該教員の免許状や資格認定の有無は問わないことに留意が必要である。例えば、教員になるために求められる免許状や資格認定の取得のための準備教育を受けていない人物を採用することができれば、欠員にはならないということである。

　さらに2022年10月の時点で、全ての公立学校のうち45％が必要な教職員数を配置することができていない状況が報告されている。特に欠員が深刻である教科や領域は、特別支援教育（special education）（7%）、第二言語として

---

2) Forty-Five Percent of Public Schools Operating Without a Full Teaching Staff in October, New NCES Data Show.
(https://nces.ed.gov/whatsnew/press_releases/12_6_2022.asp 2023年9月29日最終アクセス)

の英語またはバイリンガル教育（6％）、コンピュータサイエンス（5％）である。また、例えばスクールバスの運転手やフードサービスの職員など教職員以外の公立学校のサービスを担う人材の不足が指摘されている。

　貧困率の高い地域の公立学校は、貧困率の低い地域の公立学校に比べて教職員の欠員が起こりやすい。貧困率の高い地域の公立学校は、平均で少なくとも1名以上の教職員が欠員している割合が57％であるのに対し、貧困率の低い地域の公立学校は同割合が41％となっている。さらにマイノリティが多く在籍している公立学校（75％以上がマイノリティである公立学校）は少なくとも1名以上の教職員が欠員している割合は60％であるのに対して、マイノリティの在籍率が少ない公立学校（25％未満がマイノリティである公立学校）の同数値は32％となっており、2倍近い差がある。このような状況を踏まえてNCESセンター長のペギー・カー（Peggy G Carr）は「公立学校の多くが重要な役割を担う教職員の確保に引き続き苦慮しており、貧困率の高い地域の学校やマイノリティの割合が高い学校については他の学校に比べてその傾向が強い」と述べている[3]。

　以上のことから、今日のアメリカにおける「教員不足」では、まず、公立学校の管理や運営のために配置されるべき教職員数が絶対的に足りていない状況、つまり教職員の「欠員」が大きな問題になっている。さらに「欠員」は、貧困率が高く、マイノリティが多く居住している地域の公立学校に特に顕在化している。そして、「欠員」を埋めるために、十分な準備教育や支援を受けていない人材、そもそも正規の教員免許状や教員資格認定を受けていない人材を公立学校の教員として配置する問題が同時に進行していることを指摘できる。教職員の質が、地域間あるいは学校間で大きな差となっているのである。付言すれば、アメリカにおける「教員不足」を論じる際には、「教員の質の格差（teacher quality gaps）」問題がその射程に入ってくる。周知のようにアメリカでは、ブラウン判決やコールマンレポートの公表から半世紀以上に渡り、公教育における格差が問題とされてきた。公教育制度は、社会的・経済的に恵まれた（advantaged）児童生徒とそうではない（disadvantaged）児

3）　2）と同じ

童生徒の格差を埋めることに失敗し続けているのであり、その背景の一つとして社会的・経済的に恵まれていない児童生徒は、資質能力が十分ではなく（less-qualified）、効果的な教育実践ができない（less-effective）な教師から教育を受ける傾向があることが先行研究において指摘されている（例えば『教員の質の格差』の今日的状況については、Goldhaber,D et al. 2019 に詳しい）。

2．アメリカにおける「教員不足」の背景

　アメリカにおける教員不足の背景について、リンダ・ダーリング＝ハモンド（Linda Darling-Hammond）は、アメリカの教員が他の先進諸国と比べてより劣等な「平均以下の環境」に置かれている状況を指摘している（Darling-Hammond 2022, p.15）。フィンランド、シンガポール、そしてカナダといった国々では年間の離職等による教員減少率が 8-9% であるのに対して、アメリカの教員はその率が 2 倍となっているとして、他国に比較して高い離職率がアメリカにおける教員不足の大きな原因であると述べている。その上で、教職に不満を抱いて離職した人たちのうち半数以上が、テスト政策やアカウンタビリティー政策に対する憂慮、学校運営や授業実践に対する影響力を持てないことへの不満、学級経営における自律性の欠如、そして自らの資質能力を高めるために適切な機会が設けられていないことへの不満、以上のような理由を挙げていることにダーリング＝ハモンドは触れ、教職が「脱専門職化された職業」に押し止められている状況が課題であるとして「教員不足」の解消のためにも「専門職としての労働環境」の改善を訴えている（Ibid. p.16）。

　さらに同氏は、公教育と教員をめぐる関係性の背景に、「工場モデルの遺産（factory model heritage）」があると同氏は指摘する。同モデルはヘンリー・フォードの組み立てラインモデルを用いられた「科学的な」管理手法を学校教育の経営と管理に適用するものであり、20 世紀初頭に構築された。具体的には、より詳細に規定されたカリキュラム及び教師用教科書、学校管理規則を準備し、そして大規模な統一テストにより教育効果を計ることで学校を「より効果的」に運営することができる考え方である。このような学校において、教師に求められることは細かに規定されたカリキュラム及び教師用教科書を批判することなく忠実に履行することである。その結果、教職に就く前

に専門的な準備教育を経た批判的思考のできる人材よりも、準備教育が十分でなくても安価な給与で従順に働く人材をより多く採用することが政策的にも行政的にも優先されることになった。上記モデルは、多くの批判がありながらもアメリカにおける公教育の教員養成、採用、研修制度の底流に存在し続け、1980年代以降の新自由主義的な改革で「再評価」され、NCLB法制下においてひとつの完成に至り、今日に及ぶまでその影響が残っているといえる。そして今般の新型コロナウイルス感染症拡大の中で、その課題がさらに顕在化している。ダーリング＝ハモンドはこのようなモデルとの政策的な決別を訴えている（Ibid）。

（1）大学教育における「教育学」の位置づけの変遷

　「教員不足」を考える上で、教員養成を主に担ってきた大学（高等教育機関）に目を向けてみたい。図3.1は、1970年代から2020年代までの全米の大学における総「学位（degree）」発行数とその中で「教育学」の学位の数、割合を示したものである。学位総数は増加傾向にあり、1970-71年の学位取得総数が839,730であるのに対し、2020-21年度には2,066,445と2倍以上に伸びている。1970-71年度には総学位数（839,730）の21.0％にあたる176,307の「教育学」取得数であったのに、1980年代に入るとその数、割合とも低下し、2020-21年度には「教育学」の学位取得数が89,398と、1970-71年代と比べておおよそ半減している。無論、「教育学」の学位取得者がそのまま教職に就く学生数を表しているわけではない。しかしながら、大学教育全体における「教育学」教育の地位低下が過去40年間を通じて進行しているということができる。例えば、後に取り上げるテキサス州では、1990年代初頭に州議会議員から「教育学」の学位が大学教育としての質を備えていないという批判が起こり、大学における教員養成の見直しが進められた（Watts 1989）。重化学工業の興隆に対応する学部教育の充実やそのための学位創設取得者数の増加が政策的に図られたのであり、同州の大学では主専攻としての「教育学」は廃止された。「教員不足」が唱えられながら、教員養成を担ってきた高等教育全体の中で「教育学」学位数の減少が進行したことも、伝統的な教員養成ルートに直接的かつ間接的な影響を及ぼしたということができる。

付言すれば、「教育学」の軽視の背景には、他の専門的な学位を有していれば、それに関する学校教育における科目を担当できるという前提がある。例えば、理学や工学の学位を有していれば算数・数学、理科などを学校で教えられるという前提である。このような前提も ARTC プログラムの導入に影響を及ぼしていると考えることができる。

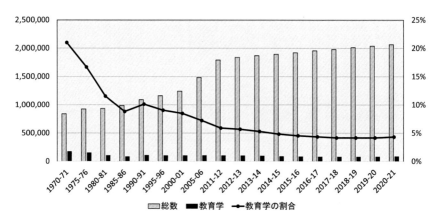

（注）U.S. Department of Education, National Center for Education Statistics, Higher Education General Information Survey (HEGIS), "Degrees and Other Formal Awards Conferred" surveys, 1970-71 through 1985-86; Integrated Postsecondary Education Data System (IPEDS), "Completions Survey" (IPEDS-C:91-99); and IPEDS Fall より筆者作成。

図3.1　大学における学位数の変遷

3.「教員不足」の対応策について
(1)「教員不足」に対する連邦政府の取組
　上記のようにアメリカでは、新型コロナウイルス（COVID-19）の感染拡大により教員の離職が大幅に進行した経緯もあり、教育者の欠員や他の職員の不足への対応が、最も挑戦すべき課題、国家的規模の憂慮事項であると認識されている。そのために、バイデン政権下で成立した米国救済計画法（H.R.1319 The American Rescue Plan Act of 2021）を根拠とする「空前の財政的支援」を用いて教員不足に対応すること、教職に就く教員候補者の数を増やすことが政策的に進められている。
　カルドナ長官は、各州、学校区、そして大学に対して、以下のような呼び

かけを行っている[4]。まず各州に対しては、教職にアプレンティス制度を確立すること、成果をしっかり検証したレジデンシー・プログラムに予算をつけること、学費免除や奉仕奨学金プログラムを確立・拡大すること、教員に対する補償を手厚くすること、以上の取組を強化するように呼びかけている。このうち、アプレンティス制度とは、見習い（apprenticeship）として雇用主から賃金をもらいながら、実際の職場でその職業に関する知識を学び、スキルや資格の取得につなげることを目的とする制度である。連邦教育省の資料によれば、「様々な産業分野におけるキャリアパスとして長い歴史を有しており、給与を得ながら、その職に関連した技術的な指導やメンターによる支援を組み合わせた職場で実際の業務に取り組みながら学ぶ方法であり、効果的に稼ぎながら学ぶモデル」と同制度についての説明が付されている。同制度の導入については、連邦労働省（The U.S. Department of Labor）からも承認を受けていることが説明されている。次に、各学校区に対しては、教員レジデントや学校を支援する大学の教員養成課程（EPP = Education Preparation Program）と学校区の連携を増やすこと、教員養成に対して様々な関与を広めていくこと、以上を呼びかけている。教員レジデントは、学校現場での経験の一部として、学校において実際に代用教員（substitute）、助手（paraprofessional）、指導員（tutor）として勤務をしながら、正規の資格認定にその経験を用いることができるとされている。そして最後に、大学や教員養成課程の提供者に対して、以下のように呼びかけている。まず教員レジデンシー・プログラムの拡大である。そして州と協力して教職にアプレンティス制度を導入していくことである。教員レジデンシー・プログラムは、学校区が大学等と連携をしながら教員養成を行う仕組みであり、近年、アメリカにおける教員養成制度の新たな注目すべき動向として先行研究の蓄積がある（佐藤 2019、高野 2023 等）。

---

4) FACT SHEET: The U.S. Department of Education Announces Partnerships Across States, School Districts, and Colleges of Education to Meet Secretary Cardona's Call to Action to Address the Teacher Shortage.
（https://www.ed.gov/coronavirus/factsheets/teacher-shortage 2023 年 9 月 29 日最終アクセス）

連邦教育省長官が、各州、各学校区、そして大学に対して教員不足解消のための行動を呼びかけていることが示すように、アメリカにおいては教員養成制度及び資格認定制度に関する権能は、州が有している。州は、自らの管理下にある教員の資格認定やEPPに関する基準を設けるのであり、連邦教育省にこのような直接的な権限はない。しかしながら、2001年に成立したNCLB法以降、各州の教育政策に対する連邦政府の影響力が増大している。連邦政府が用意する補助金及び各種基金の交付を受けるために、各州は連邦政府によって嚮導される改革方針を直接的あるいは間接的に自らの教育政策に反映させていくことになる。Cardona長官の今回の呼びかけ及びそれに呼応する連邦教育省の施策についても同様の趣旨を看取することができる。

　このようにアメリカでは、連邦政府、州、そして学校区レベルにおいて様々な教員不足に対応するための施策が展開されている。これらの施策は、教職志望者に対する経済的な支援、教員免許制度改革、多様な教員養成ルートの確保、そして離職防止策、以上の4つに分類される。

　まず、教職者に対する経済的な支援とは、教職に就き、ある特定の科目を定められた期間を特定の学校（あるいは学校区）において教えることを条件に学費を免除したり、奨学金を付与する施策である。全米で約40州がこのような施策に予算を割いている。この他に、教員が不足している科目を担当したり、学校（区）に勤務したりする教師の給与を増額したり特別手当を付与する別給与制度（differential pay）もいくつかの州で導入されている。

　次に、教員不足を緩和するため、教員免許制度を柔軟に運用する改革が行われている。具体的には、STEM教育、キャリア教育に関する科目等、教員不足が生じている特定の科目に対して前職の経験などを加味して他の免許状よりも免許状の取得を容易にする制度（tiered licensure）が導入されている。この他、従来の臨時免許状（Emergency Certification）の運用も継続されている。さらに他の州で取得した教員資格の認定を相互に認証にすることで教員不足を緩和するための施策も導入されている。

(2) ARTCプログラムに関する法制度の整備について

　上述の教員不足に対応する施策の中で、アメリカにおいて最も特徴的な政

策は ARTC プログラムの整備による教員養成ルートの多様化である。ARTC プログラムは、大学における 1–2 年程度の準備教育（教育実習を含む）を経て教員資格を取得する伝統的な教員養成（traditional certification、以下 TC）と異なり、大学において教員になるための準備教育を受けていない既卒者（学士号取得者）を対象とする教員資格認定プログラムである。多くの ARTC プログラムにおいて、参加者（教員候補者）は、学校に実際に勤務しながら資格認定のための課程履修を行う。ARTC プログラムは、大学が提供するプログラム（IHE-based）に加え、学校区（school district）や民間団体等が提供するプログラム（non IHE-based）も存在する。ARTC の定義については様々なものがあり、ARTC の定義を広く採れば、従来までの臨時免許状による教員の任用から、大学院における 5 年次課程（fifth-year program）における教員資格認定、教員レジデンシー・プログラムまで ARTC に含む先行研究もある（小野瀬 2003）。教員不足を解消するために多様な教職ルートを導入することは、他国において事例が認められるが、教員不足の有無にかかわらず、ARTC が正規の教員資格認定を得るための方法として、換言すれば "alternative" が「代用」ではなく「（一つの）選択肢」として、法制的に「正統なルート」として位置づいている点がアメリカにおける特徴ということができる。

　アメリカにおける教職ルートの多様化については、いくつかの背景を指摘することができる。まず、これまで確認してきたように教員の欠員を埋めるべく臨時免許状による教員の任用や無資格教員の採用といった教職員の配置が続いてきたことに対して、その代替的な教員資格認定の在り方が模索されたことにある。次に、教員不足に対応できない既存の大学における教員養成課程への批判がある。具体的には、既存の教員養成課程が学校区が求める教科領域や専門性を有する教員を計画的に養成できない現状に対する代替的なプログラムの在り方が模索されたのである。さらに既存の教員養成課程が児童生徒の人種的多様性を反映させていないことも問題となり、人種的多様性を確保するための新たな教員資格認定の在り方が求められたということができる。このような動向が、伝統的な大学における教員養成（traditional route）の存在を相対化に働くことになる。さらに同時期における、教育分野の規制緩和、市場原理の導入推進といった、新自由主義を支持する政治的動向と親和的で

あったといえよう。従来までの大学における教員養成、より正確には各大学における教員養成を担う課程あるいは部門が高い質を有した教員を輩出していないという大学内外の批判と相まって、各州における教員養成制度の改革が推進され、様々な制度的障壁が取り除かれ、教員資格認定に至るまでの経路の複線化が進むことになった。新自由主義的な改革が進む中で、既存の大学（教職課程）を教職への「参入障壁」とみなす新自由主義的な言説も相まって、教員資格認定制度の「規制緩和」が政治主導で進められたことも指摘できよう。

4．テキサス州の事例検討

　全米的な動向を踏まえた上で、テキサス州における教員資格認定制度の概要を確認しておきたい。テキサス州は、過去30年ほど、毎年の教員養成数が児童生徒の増加数を下回る状況が生じており、恒常的、構造的な教員不足が惹起している州である。その影響もあり、教職ルートの多様化にいち早く取り組み、多様化が顕著に進行している（小野瀬 2021）。同州の手法が、例えばNCLB法等に取り入れられて全米的に影響を及ぼしている側面もあり、アメリカにおける教員不足への対応、教職ルートの多様化、これらの施策の特徴と課題を検討するために、同州を取り上げる意味があると言える。

(1) テキサス州における教員養成に関する法制度
　教員資格認定のための養成プログラムは、テキサス州教育資格認定委員会（the State Board for Educator Certification（SBEC））より認定を受けた高等教育機関、地域教育センター（regional education service center）、学校区、又は機関により提供される（TAC §228.20.(a)）。教員資格認定のためのプログラムには、ARTC プログラムも含まれており、「すでに認定を受けた大学等において少なくとも学士号を取得している個人を対象とする、伝統的な学士課程における教員資格認定プログラムのオルタナティブとして計画されたもの」であると定義されている（TAC §228.2(3)）。同プログラムは、上記§228.20 (a) に規定されている主体によって運用される。資格を有した教員の持続的で付加的な供給のため、州は、伝統的な教員養成プログラムのオルタナティブとしての教員養成プログラムの規定を設けるとされる（TEC §

A 21.049)。また、各学校区や各教育領域における教員不足の有無に関係な
く、この教員養成プログラムは恒常的に設置される（同）。

　具体的に ARTC プログラムに入るために課されている要件について、
ヒューストン独立学校区（Houston Independent School District、以下 HISD）
のプログラムを確認する。まず、認可された大学において4年制課程を修了
して学士号を有することである。また GPA が 2.5 以上であることが求められ
る。仮に GPA が 2.49 以下である場合は不適格であるとされる。さらに HISD
のプログラムにおいては英連邦に属する英語が母国語である国々、あるいは
スペイン語が使用されている中米の国々の校長教育機関において学士号、修
士号あるいは博士号の取得者についても対象としている。

　ARTC プログラムへの参加が認められると、参加者（教員候補者）は、事
前研修（Pre-service training）が実施される。少なくとも 30 時間の現場経験、
150 時間以上の教職課程の履修、テキサス州の定めた教員試験に合格するこ
と、以上を達成することが求められる。テキサス州の定めた教員試験の合格
基準等は、伝統的な教員養成プログラムと差異はない。

　テキサス州における教職ルート別の教員数及びその割合の過去 10 年間の
変遷は以下に示す通りである（図 3.2）。伝統的な教員養成ルート（標準ルー

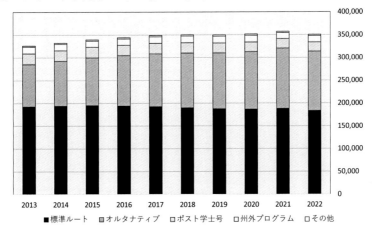

（注）テキサス州教育局（Texas Education agency）公表のデータ
（https://tea4avcastro.tea.state.tx.us/ELQ/TeacherProduction/
NewEducatorCertificates.html）より筆者作成。

図 3.2　テキサス州における教職ルート別の教員数・割合

ト）を経て教職に就く人数や割合が最大であることは変わらないが、ARTC
プログラムを経て教職に就く者の人数や割合が年々増加していることがわ
かる。

　このように教員ルートの多様化が進行している同州であるが、「教員不
足」とりわけ「教員の質の格差」について、どのような効果を得ることがで
きているのだろうか。テキサス州において伝統的な大学における教員養成
を経た教員（university-certified teacher）とARTCプログラムを経た教員
（alternatively certified teacher）の最近の比較研究によれば、以下のような
結果が公表されている（Pedro Reyes et al. 2022, pp.3-4）。

○児童生徒の成績と教員の効果に関する主要な発見
　・全てのテスト分野において、大学における教員養成を経た教員が担当し
　　た児童生徒の方が良い結果が出ている。
　・低所得層の家庭の児童生徒にとって、大学における教員養成を経た教員
　　に担当された場合、貧困生活から生じる不利益を最大半分まで相殺する
　　ことができる。
○教員の離職率に関する主要な発見
　・大学における教員養成を経た教員は9年間のうち73％が現職に留まり、
　　他方でARTCプログラムを経た教員は59％が現職に留まる。

　以上のように、伝統的な大学における教員養成を経た教員とARTCプロ
グラムを経た教員の比較において、前者が児童生徒の成績を向上させている
こと、また離職率も低いという結果が出ている。「教員の質の格差」という面
では、やはり有意な差が生じているということがわか。他方で、各プログラ
ムに参加している人種的な多様性については、やはりARTCプログラムが
より多様な人種を集めているということも指摘されている。児童生徒の多様
な人種や社会的階層に対応できる人材を教職に導き入れているという意味
でARTCプログラムは「教員不足」に貢献できていると評価されているので
ある。

おわりに―日本への示唆―

　アメリカでは「教員不足」における教員の「欠員」と「教員の質の格差」が未解決のままになっている。「教員不足」への対応として、教職ルートの多様化が法制的に推進され、ARTC プログラムが正統な教職への入職ルートとして位置づけられているが、教員の「欠員」や「教員の質の格差」の解消にはまだ至っていない。

　このようなアメリカの「教員不足」や教員ルートの多様化の状況から、我々はどのような示唆を得ることができるのであろうか。単純な比較は厳しく慎むべきであるが、アメリカにおける「教員不足」と教職ルートの多様化から見えてきた、日米における「免許（license）」と「資格認定（certification）」の差異について指摘しておきたい。これまで述べてきたように、アメリカでは「教員不足」が長期間にわたり慢性化し、無資格あるいは十分な資格を持たない人材が多く教壇に立ってきたという経緯がある。「教員の質の格差」、すなわち優秀な教員の学校区ごとの偏在も厳然として存在する。そのような中で多様な教職ルートの法制度を整備し、さらに学校現場における実際の勤務を基盤とした教員の資格認定（certification）の仕組みを構築するという、厳しい状況を少しでも改善しようとするプラグマティックな対応を取っていると理解することができる。すなわち「適切な資格」(license) を有する人材の絶対数が足りないことを前提にして、「適切な資格」を所持しない人材を学校現場における実際の訓練を通じて資格認定（certification）していくことで「教員不足」に関する課題に対して現実的かつ実利的に対応していくということである。例えばテキサス州の法制度に照らせば資格認定のためのルートを多様化しながら、正規の資格認定のための基準を揃えることで教員の質を保証しようとする試みがなされている。無論、先に見たように伝統的な教員養成プログラムと ARTC プログラムにおける種々の差異は厳然として存在するのであり、ARTC プログラム自体の根底には教員が専門職としてみなされていない現状や教員の専門性を軽んじて簡単な職業（easy work）であると見なす教職観を看取し得る。そのような教職観の克服や再構築が教育政策的にも学術的にも大きな課題であることは間違いない。しかしながら、公教育の質を維持するためのプラグマティックかつダイナミックな対応策について少な

からぬ示唆を得ることができると考える。

　ともすれば、日本は「免許状」を取得していれば等しく教職の仕事をこなすことができるという暗黙の前提で教員の任用（養成、採用、研修）が運用されてきた。「免許状」は、周知のように教育職員免許法に規定された諸科目を、国により課題認定を受けた教職課程を提供する大学等の機関において学修し単位を揃えることで取得できる。そして「免許状」を取得した者の中から各都道府県や一部の市が行う教員候補者選考（教員採用試験）が行われ、その選考を突破した者が正規教員として教壇に立つ。日本において一義的に「教員不足」が問題となるのは「免許状」を取得している人材が足りない、あるいはその原則に反する「臨時免許状」等の「免許状主義」に反する任用がある場合である。他方、「免許状」を取得している者が本当に等しく教職の仕事をこなすことができるのかについて、本人や周囲の関係者（勤務している学校の管理職や教育委員会の指導主事など）を交えて、教員の業務を適切にこなすことができていると「資格認定」を行うことが法制度的にも十分に整備されておらず、学校経営の中でも自覚的に行われていない状況を指摘することができる。新規採用教員や臨時的任用教員への学校内あるいは各地方公共団体における支援が十分とは言えないケースを筆者の周囲で散見するが、その背景には「免許状」があるのだからという理由で当事者や関係者による「資格認定」のプロセスの軽視があるのではないだろうか。中央教育審議会答申（中央教育審議会 2022、44 頁）にも見られるように教員は「学び続ける存在」であることが求められている。「免許状」を取得しただけではなく、教員として成長していく「資格認定」のプロセスをどのように設けていくのかが重要になる。その意味でアメリカの「資格認定」の多様化の現状と課題をこれからも先行的な事例として研究していく必要があろう。

引用・参考文献

・小野瀬善行（2015）「アメリカ合衆国における教員資格認定改革と大学の役割について：1980 年代における教育学主専攻の廃止に関する議論を手がかりに」『釧路公立大学地域研究』24 号、13-22 頁。

・小野瀬善行（2021）「オルタナティブ教員資格認定制度」アメリカ教育学会編『現代アメリカ教育ハンドブック［第 2 版］』東信堂、44-45 頁。

・高野貴大（2023）『現代アメリカ教員養成改革における社会正義と省察：教員レジデンシープログラムの展開に学ぶ』学文社。

・佐藤仁（2019）「アメリカにおける教員養成と採用の関係性：教員採用の実態と教員レジデンシープログラムの観点から」『福岡大学人文論叢』50 (4) 961-978 頁。

・Balingit, M. (2023), "Teacher shortages have gotten worse. Here's how schools are coping", *The Washington Post. (August 24, 2023 EDT)*. (https://www.washingtonpost.com/education/2023/08/24/teacher-shortages-pipeline-college-licenses/ 2023 年 10 月 20 日最終アクセス)

・Darling-Hammond, L. (2022), "Breaking the Legacy of Teacher Shortages", *Educational Leadership*, v.80, n2, pp.14-20. (https://www.ascd.org/el/articles/breaking-the-legacy-of-teacher-shortages 2023 年 11 月 16 日最終アクセス)

・Goldhaber, D., et al. (2019), "Teacher quality gaps in U.S. public schools: Trends, sources, and implications", *Kappan*, v.100, n8. (https://kappanonline.org/teacher-quality-gaps-us-public-schools-trends-sources-implications-goldhaber-quince-theobald/ 2023 年 11 月 16 日最終アクセス)

・Nguyen, T. D., et al. (2022), *Is there a national teacher Shortage? A systemic examination of reports of teacher shortages in the United States*. (https://www.edworkingpapers.com/sites/default/files/ai22-631.pdf 2023 年 10 月 20 日最終アクセス)

・Reyes, P., Marder, M., Alexander, C., Rodriguez, J. S., & Rhodes, A. (2022), *TEXAS EDUCATOR PREPARATION PATHWAYS STUDY*, Texas Education Research Center University of Texas at Austin.

・Vicky, D. (1996), "Alternative Teacher Certification", in John S. (Eds.) *Handbook of Research on Teacher Education*. MACMILLAN　pp.932-960.

・Watts, D. (1989) "NCATE and Texas Eyeball to Eyeball: Who Will Blink?", *Phi Delta Kappan*, v71, n4, pp.311-318.

第4章

イギリスにおける多様な提供主体の
パートナーシップによる教員養成

植田 みどり

1．イギリスの教育制度

　イギリス（以下、イングランドを指す）では、1980 年代以降の教育改革の中で、学校への権限委譲が進められ、学校理事会を学校の最高意思決定機関とする自立的な学校経営の仕組みが整備されてきている。そして、教育水準局（Office for Standards in Education, Skills and Child Care, 以下 Ofsted）という独立した第三者機関による学校監査が行われ、各学校は教育成果を示しながら、自立的に学校改善に取り組むことが求められている。

　このような学校で働く教員は、公務員（civil servant）ではなく、公務職員（public sector employee）である。教員の配置基準等はなく [1]、また異動も教員の自由意思で行われる。各学校は原則児童生徒数に応じて配分される学校運営費（Dedicated Schools Grant, DSG）を効果的に活用して適切な教員配置を行い、教育成果の上がる教育活動を展開することが求められている。そのため、優秀な教員を確保して、学校の教育成果を向上させ、維持していくことが重要であり、そのような効果的な学校経営を持続的に行える学校管理職の役割が重要になってきている。

　イギリスの教員の勤務時間は世界的に見ても長く [2]、勤務時間削減が重要な課題となっている。またアカウンタビリティを重視する政策が校長や教員への過剰な業務負担をもたらしていることも課題となっている。さらに、児童生徒数の増加に対応した教員数の確保という課題もある。

　このような課題を解決するために、イギリスでは、養成、採用、研修の側面において、教員政策に関する制度改革に積極的に取り組んできている。

---

1)　ただし、初等学校の 5-7 歳に該当する Key Stage 1 においては一人の教員あたり 30
　　人以下とすることが規定されている。
2)　OECD の TALIS2018 年調査では、前期中等教育の教員の勤務時間は、週当たり 49.3
　　時間で、58.9 時間の日本に次いで 2 番目に長かった（参加国平均は 40.8 時間）（DfE
　　（2019a））。

2. 多様な教員養成の場

　イギリスの公立学校（community school）及び公営学校（voluntary controlled school, voluntary aided school, foundation school）[3]は、教員登録機構（Teaching Regulation Agency）により付与される教員資格（Qualified Teacher Status）を取得している教員を雇用することが義務づけられている。しかし、公費で営まれている学校の内、公営独立学校（public founded independent school）[4]であるアカデミー（academy）、フリースクール（free school）にはその義務はない。

　この教員資格を取得するルートは、以下の表4.1の通り、多様である。

表4.1　教員資格の取得ルート

| | 学　　　部 | 学　部　卒 | | |
		高等教育機関	学校主導	その他
授業料あり	BEd (Bachelor of Education) BA (Bachelor of Arrs) BSC (Bachelor fo Science)	PGCE	SCITT School Direct（有料）	Assessment
授業料なし			School Direct（無料） HPITT PGTA	

＊ SCITT (School Centreted ITT), HPITT (Higher Potential ITT), PGTA (Postgraduate Teaching Apprentiship)

(注) 著者作成

　1つめは、大学や大学院が提供するものである。大学では教育学士号（Bachelor of Education, BEd）などを取得する3年制のコースで教員資格を取得することが可能なコースがある。また大学卒業後に在籍できる1年間の

---

3) community school とは地方当局が土地及び施設設備を所有し、雇用及び入学に関す責任を有し、地方当局を通して学校予算が配分される学校、voluntary controlled school とは、設立母体が土地あるいは施設設備を所有しながらも、雇用及び入学については地方当局が責任を有し、地方当局を通して学校予算が配分される学校。voluntary aided school とは、設立母体が土地あるいは施設設備を所有し、雇用及び入学については学校理事会が責任を有し、地方当局を通して学校予算が配分される学校。foundation school とは、学校理事会が土地あるいは施設設備を所有し、雇用及び入学についても責任を有し、地方当局を通して学校予算が配分される学校。

4) 地方当局から離脱し、理事会（trust board）と教育省が直接契約を締結し、国（Education Founding Agency）から学校運営費を直接受け取る学校。教員免許以外にも、全国共通教育課程や全国共通の教員給与基準等の遵守義務がないことなど、独立学校に類似する自由裁量権を有している。現在、全学校数の約40％を占めている。

PGCE（postgraduate certificate in education）のコースで教員資格を取得することも可能である。

　2つめは、学校等が主導し、学校をベースにして提供される教員養成（Initial Teacher Training, 以下 ITT）である。学校を中心とした教員養成の代表的なものが SCITT（School Centered Initial Teacher Training）やスクールダイレクト（School Direct）である。SCITT とは、1993 年から設置されたもので、lead school と呼ばれる拠点校を核として複数の学校が連合体（コンソーシアム）を組織し、教育実習生に対して 1 年間の ITT を提供するものである。スクールダイレクトとは、2012 年から導入されたもので、拠点校とそのほかの学校や教員養成機関として認証された機関がパートナーシップを組んで 1 年間の ITT を提供するものである。これには授業料型と有給型の 2 種類がある。

　このような大学や学校等での ITT の他に、3 つめとして、教授経験等を評価（assessment）して教員資格を付与するものがある。これは、学士号を有し、かつ 2 校以上で指導あるいは補助教員（teaching assistant）として授業等を行った経験がある者が申請できる。そして、教員専門職基準（Teacher Standards）[5] を満たしていると判断された場合（12 週間の審査期間）に教員免許が付与されるものである。

　これらの他に、外国で教員免許を取得している者がイギリスの教員資格を所有してなくても、4 年間はどの学校においても教員として活動することができる仕組みもある。ただし、4 年後も公立学校及び公営学校において教員として活動するためには、前述したルートのいずれかでイギリスの教員資格の取得が必要である。

　従来は大学等の高等教育機関で取得することが主流であったが、現在は

---

5)　2 部構成となっており、1 部は教授活動、2 部は教員の個人的・職業的な行動（倫理規定等）となっている。1 部の教授活動は、①児童生徒を動機付け、意欲を起こさせ、挑戦させるような高い期待をすること、②児童生徒の成長と成果を促進すること、③教科及び教育課程に関するよい知識を示すこと、④よりよく構造化された授業を計画し、教えること、⑤全ての児童生徒の長所とニーズに基づく教授活動をすること、⑥正確で建設的な評価をすること、⑦適切で安全な学習環境を保障することで効果的な生徒指導をすること、⑧広範な専門的な責任を負うことという内容となっている（DfE（2011）Teachers' Standards）。なお、2011 年の制定後、2013 年、2021 年に一部改訂されている。

学校主導型の ITT で教員免許を取得する人の割合が増加している。2022 年度では、高等教育機関の提供する ITT を受講する割合は 44％で、半数以上が学校主導型の ITT を受講していることがわかる (DfE 2023)。また、ITT を提供する機関として教育省に認証されている機関 (179 カ所)[6] は、大学が 64 カ所 (約 36％)、SCITT が 62 カ所 (35％)、SCITT 以外の学校が 42 カ所 (23％)、民間機関が 11 カ所 (6％) となっており、機関数から見ても大学以外が多数を占めていることがわかる。

このような学校主導型の ITT の機関が拡充整備された背景については、これまでの先行研究の中で指摘されている (西川 1996、佐藤 2008、高野 2015、2016、盛藤 2013、2015、2018、2020a、Whiting et al. 2018)。学校主導型の教員養成の先駆的な存在である SCITT の導入背景として、佐藤は、政治的なレトリックとしての実践思考の教員教育が求められていたことを指摘しつつも、各地域に固有のニーズや大学ベースのコースとは別の教職へのチャンネルを提供することで、地域の教員を地域で養成するという現実的な機能を有していたと指摘している (佐藤 2008、47 頁)。

また、2010 年の教育白書「Importance of Teaching」において、"school based training" の重要性と、多様な提供者による教員養成の質管理の重要性が指されたことから、教員専門職基準を満たす教員養成の質を担保するために、大学も含めた、ITT の提供機関同士のパートナーシップに基づくプロバイダーベースの教員養成のモデルが拡充整備してきたことが、学校主導型モデルの多様化をもたらし、さらなる拡大につながったとされている (盛藤 2020b)。

さらに 2010 年教育白書で提言された "ティーチングスクール (Teaching School)"[7] というネットワークに基づく教員養成、研修及び学校間の相互支

---

6) DfE (2023) List of providers accredited to deliver ITT from September 2024 (https://www.gov.uk/government/publications/accredited-initial-teacher-training-itt-providers/list-of-providers-accredited-to-deliver-itt-from-september-2024 2023 年 11 月 11 日最終アクセス)

7) 2020 年 11 月からティーチングスクールハブ (Teaching School Hubs, TSHs) となっている。それまで 800 カ所近くあった TS を再編し、成果を上げていた TS (全国 87 カ所) をティーチングスクールハブとして認証した。ここでは、ITT、初任者研修 (Early Career Framework)、全国専門職資格等のプログラムを提供する。(https://www.gov.uk/guidance/teaching-school-hubs 2023 年 11 月 11 日最終アクセス)

援の新たなシステムの創設により、優秀な学校を核とする学校間のネットワークによる ITT の提供という形での、学校現場における教員養成の機会が拡大している。

また 2022 年 9 月には、ITT や初任者研修（Early Career Framework）、全国専門職資格（National Professional Qualifications, NPQs）のプログラムを提供する全国的な拠点機関として、全国教授活動研究所（National Institute of Teaching（NIoT）[8]）が設置され、研究に基づくエビデンスを活用しながら教員養成、研修の質的向上を図る仕組みも整備されている。

このようにイギリスの教員養成においては、教員養成の場として、学校が主流となりつつも、その提供主体は、国から教員養成機関としての認証を受けた大学や学校、民間機関等の多様な提供者がパートナーシップやネットワークという形で連携協働した多様なものになっている。そして、国が定める教員専門職基準や全国専門職資格という質管理の仕組みが整備されているのである。

3．教員不足の現状と課題

1990 年代から、教員養成改革に加えて、教員の労働環境整備など様々な教員に関する改革に取り組んできたイギリスでは、教員数自体は減少することなく、46 万人台を維持している（2022 / 23 年：468,371 人、前年度比で 2,844 人増）[9]。しかしそれでも慢性的な教員不足の課題は解消されていない。そのことから、さらなる教員の労働環境整備及び働き方改革が教育改革の重要課題となっている（国立教育政策研究所 2013、2017、藤原 2018）。

---

8) 2021 年 1 月に設置が発表された。The Harris Federation、Oasis Community Learning、Outwood Grange Academies Trust、Star Academies が運営母体（School Led Development Trust）となって運営されている。全国に 4 つのキャンパスを持ち、ITT や初任者研修、全国専門職資格等のプログラムを提供すると共に、研究チームがこれらのプログラムの向上を図るための研究開発、好事例の収集分析を行う。
（https://niot.org.uk/programmes/initial-teacher-training 2023 年 11 月 11 日最終アクセス）
9) DfE（2023）School workforce in England 2022（https://explore-education-statistics.service.gov.uk/find-statistics/school-workforce-in-england#dataBlock-5734deeb-046b-4902-bc40-c173ab51eee3-tables 2023 年 11 月 11 日最終アクセス）。なお、以下に続く教員の欠員および離職にかかるデータについては特に断りのない限りは、本資料に基づく。

教員不足の要因として指摘されていることは、教員数の増加を上回る児童生徒数の増加である。例えば、英国議会下院の報告書（Long and Danechi 2020）では、一人の教員に対する児童生徒比率（pupil to teacher ratios）が上昇していることや教員の欠員数が上昇していることなどを課題として指摘している。2022／23年現在、児童生徒比率は、初等学校（就学前教育機関を含む）で20.7、中等学校で16.8となっており、10年前（初等学校（就学前教育機関を含む）：20.4、中等学校：14.9）より上昇している。特に中等学校の上昇が顕著であり、かつ今後も中等学校の生徒数の増加が見込まれることから中等学校の教員不足が深刻であることが分かる。

　また欠員の状況としては、2022／23年現在、教員全体で2,334人（欠員率0.5％）の教員が不足している。その数は、10年前の539人（0.1％）より増加していることが分かる。学級担任では、10年前が416人（0.1％）であるのに対して2022／23年は2,120人（0.5％）に、管理職では123人（0.2％）であるのに対して2022／23年は214人（0.3％）となっており、教員の不足が深刻であることが分かる。

　このような欠員数の上昇をもたらす要因としては、離職率や異動率の高さがある。2022／23年では、47,954人（前年比3,943人増）が教職に就いたが、2021／22年には43,997人（前年比7,818人増）が教職を去っている。このように入職者が増加してもそれと同数近くの人数がやめてしまうため教員不足の問題が解決しないのである。また、教員が自由意思に基づいて学校を異動する権利を有しているイギリスでは、教員の異動率の上昇も学校単位では欠員数の増加をもたらす要因となる。例えば全国教育研究所（National Foundation for Educational Research）の調査では、2010年度から2015年度において、初等学校では5％から9％に、中等学校では4％から8％に教員の異動率が上昇したことを明らかにした。そして異動率の上昇により、学校では毎年多くの欠員を補充しなければならず、教員確保の不確実性が増大したり、後任の採用コストが増加するなどの課題が生じていると指摘されている（Worth et al. 2018, p.22）。

　次に教員不足の要因として指摘されていることが、早期離職者の増加である。教育政策研究所（Education Policy Institute）では、2010年度以降に教員

資格を取得した集団の状況を分析し、教員は最初の数年で退職する傾向が高く、その割合は時間の経過と共に増加することを明らかにし[10]、教職に就いた初期の数年間の支援が重要であると指摘している（Sibieta 2020, p.11）。このような状況に加えて、ITT の受講者数も定員数を満たせていない状況がある（2022／23 年は 71％）（DfE 2023）。

　このような全体的な教員不足の状況に加えて、教科間による差、そして学校及び地域による差があることがイギリスの特徴である。教科間による差という点では、理数系及び言語系の教科の不足が多くの調査で指摘されている。例えば、全国教育研究所では 2022 年度の ITT の応募状況を分析し、目標定員数を満たしていない科目があることの現状と課題を指摘している（Worth and Faulkner-Ellis 2022, p.9）[11]。

　学校及び地域的な差という点については、児童生徒数に応じて学校予算が配分されることによる学校予算規模の差や、社会経済的に貧困な地域や学校ほど様々な困難を抱えていることによる教員の確保が困難であることによる差などが背景としてある。例えば教育政策研究所の調査では、教員免許保有者の状況、教科と関連する学士号の取得状況、担当授業時数の状況、病気休職の状況、欠員の状況について、地域的な違いを分析し、社会経済的に貧困な地域やロンドンにおいては、全国的な傾向よりも課題を抱えていると指摘している（Sibieta 2020, pp.12-13）[12]。このような地域及び学校間の差を考慮

---

10) 2010 年度の集団では資格取得 1 年後には 87％が教職に留まり、5 年後には 71％、8 年後には 63％が留まった。2012 年度の集団では、1 年後の離脱率は同様でしたが、5 年後は 68％であった。2016 年度の集団では、1 年後には 85％が留まり、2 年後には 77％となった。

11) 物理学は 17％、デザイン技術は 25％、ビジネスは 36％、コンピューティングは 39％、一般科学は 40％と目標定員数の半分も満たしていない。一方で、演劇は 124％、初等学校は 128％、古典は 160％、歴史は 161％、体育は 215％と目標定員数を超えている。しかし近年安定していた生物学（88％）、英語（91％）、地理（92％）、芸術（86％）、宗教教育（81％）が満たせていないことは懸念材料であると指摘している。

12) 例えば、全国的には在職教員の教員免許保有率は 93％であるのに対して、社会経済的に貧困な地域はその数値が 3 ポイント下がる。特にロンドンでは、教員免許保有率が低く、これはロンドンの教員の年齢が若く、経験が浅いことが原因であると指摘されている。また、欠員あるいは臨時的任用の教員の割合（2016 年 11 月）が全国的には 27％であるのに対して、ロンドン以外の社会経済的に貧困な地域の学校では 29％、ロンドン市内の社会経済的に貧困な地域の学校では 46％などが分析結果から明らかとなっている。

しながら教員の不足の状況及び課題を考えていくことが重要となっている。

４．教員の魅力化戦略

　このような教員不足の状況を分析した結果から、教員の職務満足度とエンゲージメントを高め、職業上の定着率を向上させるためには、育成（nurturing）、支援（supporting）、教職の価値付け（valuing teachers）が重要であると指摘されたこと（Worth et al. 2018, p.55）などから、教育省は2019年に、「教員の雇用と定着戦略」（Teacher recruitment and retention strategy）を発表し、教員の魅力化戦略による教員不足問題への取り組みを進めている。

　「教員の雇用と定着戦略」では、①支援的な学校文化の醸成と教員の勤務負担軽減、②初任教員への支援の改革、③ライフスタイルと志の変化に合わせた教育機会の確保と魅力的なキャリアの確保、④優秀な人材が教員になりやすくすることという４つの柱に基づいた教員の安定的な雇用と定着に結びつくような改革案（表4.2）を提示している。

　「教員の雇用と定着戦略」において提示された改革案において、教員養成に関わる事項としては、四つめの柱の優秀な人材が教員になりやすくするという戦略が関連している。イギリスでは前述したように教員養成には多様なルートがある。その結果として、教員に関心がある人や教員に転職したい人などにとって、わかりにくく、かつ非効率な仕組みとなっていることなどが課題となっていた。そこで次の３つの目標を掲げた。第１により多くの潜在的な人材が教員になることに挑戦するように奨励するために、教員のやりがいを強調すること、第２にシンプルかつ簡単に教員になることにつながる新しいデジタルシステムを設計すること、第３に活性化したITTの市場を分かりやすく、簡潔な形で作り、それを維持すると共に、社会経済的に困難を抱えた地域にある多くの学校をより確実にサポートできるような仕組みを整備することである。

　具体的な取り組みとして、"Get Into Teach" というサイト[13]を開設し、教員養成及び採用に関する情報を一元的に提供している。教員になりたいと思

---

13) https://getintoteaching.education.gov.uk/ （2023年11月11日最終アクセス）

表 4.2　教員の雇用と定着戦略

優先領域	挑戦事項	取り組み事項
①支援的な学校文化の醸成と教員の勤務負担軽減	学校の説明責任に関する現在のシステムは、学校の指導者を混乱させる可能性があり、教員が何をする必要があるか分からない場合があり、その結果、余分なプレッシャーと不必要な作業負荷が発生する	Ofsted と協力して、説明責任システムを簡素化し、教員にかかる不必要なプレッシャーを軽減。これには、水準達成に繋がる<u>サポートとコンサルティングを受けることも含む</u>。さらに、新しいOfsted フレームワークでは、教員の負担を軽減することに積極的に取り組む
②初任教員への支援の改革	キャリアを始めたばかりの教員は、成功するキャリアを築くために必要なサポートを常に得られるとは限らず、現時点ではあまりにも多くの教員が退職している	キャリア初期の教員へのサポートを変革し、大学卒のみの職になって以来、最も重要な改革を導入する。<u>初任者教員フレームワーク（Early Career Framework, ECF）</u>は、すべての新任教員に財政支援を含む2 年間の支援パッケージへの資格を与え、他の上級専門職が教授する支援を提供する。この改革は、私たちの戦略の中心に位置し、<u>専任のメンターとキャリア初期の教員の時間割の短縮を含み、専門的能力の開発に集中するために必要な時間と支援を提供する</u>
③ライフスタイルと志の変化に合わせた教育機会の確保と魅力的なキャリアの確保	生活環境の変化に伴い、多くの教員はより柔軟な働き方やキャリアジャーニーを希望しているが、これらの機会を教育現場で見つけるのは難しい場合がある	<u>柔軟な働き方の拡大を支援する</u>ために、関心のある人が機会を見つけるのを<u>支援する新しいジョブシェアリングサービスを立ち上げ</u>、関係者と協力して、労働力の柔軟性を支援するための質の高いツールが存在することを確認する。また、通常のリーダーシップの道をたどらずにキャリアを築き、進歩したい人のために、<u>新しい専門職資格</u>を創設する
④優秀な人材が教員になりやすくすること	多くの人が教員になりたいという願望を持っているが、それを試みる機会が十分ではなく、長くて複雑な申請プロセスのために多くの人が先延ばしにしている	<u>教員になるためのプロセスを簡素化する</u>ために、教員の初期研修に新しい<u>「ワンストップ」アプリケーションシステム</u>を導入する。また、2019年後半に新しい<u>「Discover Teaching」イニシアチブ</u>を開始する。これにより、より多くの人が応募前に教育経験を試す機会を得ることが可能となる

(注) DfE (2019b) より筆者作成

う人が、どのようにすれば教員になることができるのか、また教員になるとどのような生活になるのかなど、具体的にイメージができるような情報を掲載している。さらに、教員資格の取得を希望する者が、自分の持っている資格や経験、そしてどの学校段階やどの教科を指導したいのかなどの希望や条件を基に、どのルートを選択するのがよいのかを各自が検索することができるシステムもある。また、個別の支援も提供している。多様化し複雑化しているイギリスの教員養成の特性を活かして、教員になることを希望する人が

自分の希望に基づいて、教員としてのキャリア形成を行えるようにするための支援をオンライン上で提供しているという点に特徴がある。

併せて教員不足の課題である教員の離職率の高さへの対策として、初任者研修の枠組みの導入や全国専門職資格の拡充整備、ウェルビーイングを重視した学校づくりなどの取り組みも提示している。初任者研修の枠組みとは、初任教員に対する全国共通の指導、支援活動の枠組みとして教育省が定めたものである。教員の役割期待、児童生徒の学習、教科と教育課程、学級運営、適応指導（特別支援教育を含む）、評価、生徒指導、職能開発等の領域ごとに、何を、どのように学ぶかということが記載されている。全国の全ての初任教員が、この枠組みに基づいた業務活動及び職能開発に関わる指導、支援を、初任期から2年間受けることを可能にするものである。初任教員を雇用した学校には、2年間で一人あたり2,100～2,600ポンド（378,000円～468,000円：1ポンド180円で換算、地域により金額が異なる）の補助金が政府から支給される。学校はその補助金を使い、地域内の、全国教授活動研究所（NIoT）のキャンパス（Institute of Teaching Campus）やティーチングスクールを改編して設置されているティーチングスクールハブ（Teaching school Hubs, TSHs）の中から提供者を選択し、職能開発機会の提供、メンターによる指導、助言などの支援活動の提供を受ける。

また職能開発の機会として整備されている、全国専門職資格についても、2021年に改訂し、シニアリーダー（National Professional Qualification for Senior Leadership, NPQSL）、校長（National Professional Qualification for Headship, NPQH）、統括校長（National Professional Qualification for Executive Leadership, NPQEL）に加えて、新たにミドル層の内容として次の5つの資格を設定した（表4.3）。

この改訂では、それまでのミドルリーダー（National Professional Qualification for Middle Leadership, NPQML）として一括されていたものを、教員の業務に即した資格枠組みとした。このようにすることで、ミドル層の具体的な職能開発に結びつけることで、各自の希望に応じたキャリアに基づいた専門的な職能開発の機会を提供し、安定的なキャリア形成と教職への定着を促すことが意図されている。

表 4.3　ミドル層の全国専門職資格

専門領域	名　　　　称
生徒指導	National Professional Qualification Leading Behavior and Culture（NPQLBC）
読み指導	National Professional Qualification Leading Literacy（NPQLL）
教授活動	National Professional Qualification Leading Teaching（NPQLT）
職能開発	National Professional Qualification Leading Teacher Development（NPQLTD）
初等学校算数	National Professional Qualification Leading Primary Mathematics（NPQPM）

(注) 著者作成

　そしてウェルビーイングな学校づくりという点では、ライフスタイル等に合わせた柔軟な働き方を保障する仕組みの整備を掲げている。教育省は、2021 年 5 月に「教育職員のウェルビーイング憲章（Education staff wellbeing charter）」を制定した（DfE 2021）。この憲章では、ウェルビーイングを「質の高い社会的関係を特徴とする完全な身体的および精神的健康状態」と定義した上で、このようなウェルビーイングを保障するために、学校は、教員や職員の幸福とメンタルヘルスについて教員や職員と対話すること、ウェルビーイング戦略を作成すること、ウェルビーイングを重視する文化を醸成することなどが規定されている。賛同する学校（大学や継続教育機関等も含む）がそれに署名し、教員や職員のウェルビーイングの状況を確認しながら、ウェルビーイングやメンタルヘルスへの支援、業務削減、柔軟な働き方（パートタイム、ジョブシェアリングなど）を実現する活動を行うことが求められている。その活動を支援するツールや関係団体からの支援もある。このような柔軟な働き方を各学校が実現できるように、教育省内にも担当チームを設置し、ツールキットの提供や支援、現状把握のためのデータ収集などを行い、教員の柔軟な働き方改革の実現に向けた取り組みを支援している [14]。

　さらに財政的支援も実施している。例えば、奨学金や補助金等により、教員養成や初任者研修及び全国専門職資格の受講料の無料化（時限的措置）をするなど、教員養成や研修のプログラムを受講しやすくしている。また、教員不

---

14) https://www.gov.uk/government/collections/flexible-working-resources-for-teachers-and-schools（2023 年 11 月 11 日最終アクセス）

足が深刻な特定の教科（科学、数学など）の教員養成の受講者への奨学金支給や、教育水準が低く社会経済的に不利益な地域を教育投資地域（Educational Investment Areas）[15] として指定して追加予算を配分するなど、金銭面での条件整備も行っている。さらに、教員の初任給を 30,000 ポンド（約 540 万円、1 ポンド 180 円で換算）に上昇させるなど、人材確保に向けた金銭的な面での魅力化も図り、優秀な人材を確保するための取り組みを展開している。

5．まとめ—質保証された多様性の中での教員確保—

　これまで述べてきたように、イギリスにおいて教員資格を取得するための ITT を提供する機関も多様であり、またルートも複雑化している。このような状況に対して、イギリスでは 2011 年に教員の専門職基準を制定するなど、教員養成や職能開発の質を担保して、より質管理された教員を確保するための制度が整備されてきている。さらに 2019 年には「教員養成共通枠組み（ITT Core Content Framework）」が制定された（DfE 2019c）。これは、初任者研修の枠組みと関連する形で、何を学ぶのか、どう学ぶのかという観点から ITT において修得する内容が記載されている。教員への期待、良い実践、教科及び教育課程の知識、教育課程編成と構造的な授業づくり、特別支援教育、正確で効果的な評価、効果的な生徒指導、広範で専門的な責任という 8 項目で構成されている。ITT を提供する機関として教育省に認証されている機関は、この枠組みに基づいた ITT のプログラムを提供することが求められている。また、教員養成市場レビュー（ITT market review）を行い、ITT 提供機関がこの枠組みに基づいた的確なプログラムを提供し、的確な質の教員を養成することで、学校教育に貢献できているのかという観点から評価が行われる。さらに、教育水準局（Ofsted）による監査も行われる。このような市場レビューや監査を通して、多様な提供主体による ITT のプログラムが 1

---

15) 過去の学力テストの結果等から算定された自治体が全国で 55 カ所が指定されている。信託基金や、授業完全プログラムの提供及びそのための Wi-Fi 環境の整備、教員の税制優遇措置などを受けられる。この指定を受けた自治体の内、特に重点な個別事項での支援が必要な地域を優先地域（priority education investment areas）として 24 カ所指定して、さらなる追加支援（欠席対応、保護者対応など）を提供している。（https://www.gov.uk/government/publications/education-investment-areas/education-investment-areas 2023 年 11 月 11 日最終アクセス）

つの統一された基準に基づいて評価されることで、多様な場で取得される教員免許を持つ教員の質保証の仕組みを整備していることはイギリスの特徴といえる。

引用・参考文献

・国立教育政策研究所（2013）『Co-teaching スタッフや外部人材を活かした学校組織開発と教職員組織の在り方に関する総合的研究』。
・国立教育政策研究所（2017）『学校組織全体の総合力を高める教職員配置とマネジメントに関する調査研究報告書』。
・佐藤千津（2008）「教師教育の多様化政策とその展開―イギリスの『学校における教員養成の場合』―」『日本教師教育学会年報』第 17 号、42-50 頁。
・高野和子（2015）「イギリスの教師養成課程の行政」『明治大学教職課程年報』37 巻、23-34 頁。
・高野和子（2016）「イギリスにおける教師養成の「質保証」システム―戦後改革からの 40 年間―」『明治大学人文科学研究所紀要』77 巻、209-242 頁。
・西川信廣（1996）「イギリスの『学校における教師養成（School-centred Initial Teacher Training）』の提起するもの」『大谷女子大学紀要』第 31 巻第 1 号、69-93 頁。
・藤原文雄（2018）『世界の学校と教職員の働き方―米・英・仏・独・中・韓との比較から考える日本の教職員の働き方改革―』学事出版。
・盛藤陽子（2013）「イングランドの SCITT（School-centred Intitial Teacher Training）における「理論」と「実践」の統合に関する一考察」『日本教師教育学会年報』第 22 号、89-100 頁。
・盛藤陽子（2015）「イギリスの教師教育における「実践性」と「高度化」―学校主導型教師教育の拡大を中心に」『東京大学大学院教育学研究課紀要』第 55 巻、482-490 頁。
・盛藤陽子（2018）「イギリスの教師養成教育に関する研究の動向と展望（1）」『東京大学大学院教育学研究課紀要』第 58 巻、445-450 頁。
・盛藤陽子（2020a）「イギリスの教師養成教育に関する研究の動向と展望（2）」『東京大学大学院教育学研究課紀要』第 60 巻、423-429 頁。
・盛藤陽子（2020b）「イギリスの学校／プロバイダー主導による教員養成に対する研究上の認識―SCITT（School-centered Initial Teacher Training）の位置づけはどう変化したか―」『日英教育研究フォーラム』24 号、81-87 頁。
・DfE (2019a), *The Teaching and Learning International Survey (TALIS) 2018 Research report.*
・DfE (2019b), *Teacher Recruitment and Retention Strategy.*
・DfE (2019c), *ITT Core content Framework.*
・DfE (2021), *The Education Staff Wellbeing Charter.*
・DfE (2023), *Initial Teacher Training Census.*
・Long, R. and Danechi, S. (2022), *Teacher recruitment and retention in England*, House of Commons Library.

· Sibieta, L. (2020), *Teacher Shortage in England: Analysis and pay options*, Education Policy Institute.
· Whiting, C., et al. (2018), "Diversity and complexity: Becoming a teacher in England in 2015-2016", *Review of Education*, Vol.6 No.1, pp.69-96.
· Worth, J., et al. (2018), *Teacher Workforce Dynamics in England*, National foundation for Educational Research.
· Worth, J. and Faulkner-Elli, H. (2022), *Teacher Labour Market in England: Annual Report 2022*, National foundation for Educational Research.

コラム①

フィンランド：限られた教員への道と社会変化への対応

矢田 匠

　人口554万人、ヨーロッパ最北の国の一つである小さな国のフィンランド
が2000年代から2010年代にOECDの学習到達度調査（PISA）にて好成績
を上げた。以後フィンランドは国際的に教育関係者の注目を集め続けてい
る。好成績の要因として挙げられたのは教師の質の高さ、学校間学力格差の
少なさ、また、社会経済的背景の学力に対する影響の低さである。つまり、ど
の学校に通ったとしても等しい教育を受けられるということである。社会制
度として公教育に対する信頼は厚く、私立の学校はわずか2%である。教育
はたとえ私立学校に通ったとしても、給食費や教材費は無料、就学前教育（6
歳）から大学院（修士課程）まで授業料は無料である。これらの措置はすべて、
教育の機会均等を高めるために実施されている。また、児童生徒は中学校（9
年生）まで、校区内の決められた学校に通う。高度にトレーニングを受けた
教員が全国どこの学校にも配置されるため、教員が教育の質の平等性を担保
する存在であると考えられている。

　そのため、教員に対する信頼も厚い。また、教職は歴史的にも人気の高い
職業である。それゆえにフィンランドで教職に就く道は限られている。5年
制の大学（学士、修士課程を含む）にて教員養成課程を修了することのみが
教員への道となっているものの、教員養成課程に入学できるのは応募者の
10-15%程度となっている（Kumpulainen 2017）。

1．教員という職業

　フィンランドの教員は他の職業と比べ給与水準は中程度である。一方で教
職における最大のインセンティブは、教員の自律性である。教員はそれぞれ
の教育に対する自由を大いに与えられており、指導や評価方法を各々が計画
し実行することができる。例えば、時間割の構成も授業進度に応じて担任が
柔軟に編成できる。自由に教える教科を決められる時間が多く設定されてお
り、教員は進度や児童の理解度に応じて教える教科を調整している。また、
複数学級編成の場合、担任が隣のクラスがどのような内容の授業を行なって
いるかを把握していることは多くない。

2. 入試・養成制度

　フィンランドにおいて教員になるためには、学部（3年）および修士（2年）の5年間の教育が必要である。小学校教員（クラス担任教員）になるためには、教員養成学科（300ECTS）に入学する必要がある。また、小学校、中学、高等学校の教科教員になるためには、それぞれの専攻学部（文学部、理工学部や体育学部）に入学した後に教員養成学科が提供する教科教員養成プログラムに（大学毎に異なるがおおよそ60ECTS）応募し、採用されれば教員への道を歩むことができる。この点では、日本の開放制教員養成制度（教員養成学部以外でも希望者は教職課程を追加履修さえすれば教員免許が取得できる制度）とは異なっている。つまり、言い換えれば、フィンランド教育の質保証は、教員になる道を狭めるということによって成し遂げられてきたとも言える。

　入試に関して、フィンランドの大学では自律性が強調されているため、各大学は独自の入試形式を決めることができる。多くの大学で 1. 高校卒業認定試験（Matriculation examination）の結果、2. 高校卒業時成績、3. 大学独自の入学試験の組み合わせによる選抜を実施した上で、入学者を決定している。また、小学校教員養成課程と教科教員養成プログラムによっても入試形式が異なる。

　小学校教員養成課程入試は、教科教員プログラムに比べて複雑である。まず応募学生は VAKAVA 試験を受ける。VAKAVA 試験とは、全国の教員養成プログラムが共催する共通選抜試験である。試験は教育学に関する数本の学術論文とそれに関する問題が提示され、選択式問題になっている。VAKAVA を通過すると、第二段階の試験がそれぞれの大学で行われる。第二段階の試験は大学毎のカリキュラムの違いを反映し、さまざまな方法（適性試験、個人面接やグループ面接、アンケート、特定の技能のデモンストレーション、高校卒業認定試験の特定科目結果による加点など）により実施される。大学によっては、学校等教育施設でのボランティア経験、代替教員経験なども考慮される。教科教員養成プログラム入試においても筆記試験と面接試験がある。大学によっては、受験生にグループ課題や模擬授業を行ったりすることを通して、教員としての適性を判断されている。教員養成期間には多くの教育実習があり、大学によって異なるが、合計で約6ヶ月間が実習に

充てられる大学も多い。

3. 教員研修

　教員になるための要件が厳しいためか、教員になった後の研修 (教員研修) は比較的少ない。VESO と呼ばれる教員研修日が年に 3 日設定されており、全教員がこの 3 日を研修に当てなければいけない。しかし、実態としてこの 3 日間が全て教員の能力開発に当てられているかということに関しては議論の余地がある。多くの学校で教員は新年度が始まる 2 日前から出勤し、新年度の準備をする。この 2 日間は研修日に当てられるため、残りの教員研修日は 1 日となる。多くの場合、前学期半日、後学期半日の研修を設定し、全体の研修会を行い、年間研修日数を消化している。もちろん、教員が自主的に大学や公共サービス、国家教育委員会 (Opetushallitus)、民間企業の提供する研修を受けることも可能である。その際には、費用 (研修費用、代替教員費、有給休暇か無給休暇なのか等) は誰が出すのかなどを学校長と交渉し、参加する。教員の職能開発という点では自主的な開発に信頼が置かれている一方、システム的な対応は行われていない。また、フィンランドでは校長の裁量権が大きい。例えば、特別支援に重きを置きたい場合はその予算を増やすといったように、リソースをどこに割くのかは校長裁量である。そのため、職能開発に理解のある場合と無い場合で、機会も異なってきてしまう可能性がある。

4. 教員のキャリアチェンジ

　専門職としての意味が強いフィンランドの教職において、キャリアを変えることは専門性を変えることを意味する。ここでは、クラス担任や教科教員がその後に取りうる特別支援教員とスクールリーダー（日本で言う管理職）という道を紹介する。フィンランドは伝統的に特別支援教育に対して力を入れている。1960 年代に初等教育のグラマースクールとシビックスクールが統合され小中一貫の基幹学校となった (Pekkarinen et al. 2009)。またフィンランドでは私立学校はほぼ無いため、多様な児童生徒が同じ学校に通学することになった (Sahlberg 2010)。勉強に遅れがちな子どもをサポートするために、また、当時の北欧のノーマライゼーションの流れの後押しもあり、特別

支援教育に力を入れていったのである。フィンランドの教員の最も重要なスキルは子どもの学習に対する困難さや課題をできるだけ早期に発見することだと言われている (Pollari et al. 2009)。そのため、フィンランドのデイケア（フィンランドには保育園と幼稚園の区別はないためデイケアと呼称している）・小中高等学校には児童生徒の人数に応じて特別支援教員が配置されている。特別支援教員は特別支援学級と担当することもあれば、それぞれのクラスに訪問したり、担任の先生とのミーティングを通し、必要な支援を組み立てていく役割の教員もいる。もし、個々の支援が必要な場合にはクラスから当該児童生徒を取り出してパートタイムの特別支援授業を実施する。こういった児童生徒のアセスメントや特別支援の授業、また担任の先生との協力には特別な知識技能が求められると考えられているため、フィンランドの大学には特別支援教員になるためのコースが別途用意されている。

　学校におけるリーダーシップは自らの教員の道を進めていく上で一つの選択肢として受け入れられている。文化的な上下関係の薄さや平等意識から、リーダーシップは校長や管理職だけでのものではないという認識も広まっている。学校ではリーダーシップチームを構成し、学校の意思決定を行っていくという形も珍しくない。そのような学校組織の中で、リーダーとしての校長の役割は、自律性の高いフィンランドの教員の力を十分に発揮してもらうように環境を整備し、最終的な判断や責任を負うことだと認識されている。実際、フィンランドの教員も校長を権威として捉えるのではなく、役割として捉えている。

　フィンランドで校長になる場合、教員としての経験を持った上で、以下の条件のうちのいずれかを満たす必要がある。1. 大学の提供するスクールリーダーシップコースを修了すること、2. 国家教育委員会の提供するマネジメントコースを修了すること、3. 教育提供主体（地方自治体等）が1、2と同等の知識技能を持つと認めること。厳密に言えば、3が抜け道となり、校長は1もしくは2のトレーニング無し校長になることができてしまう。しかし、昨今は雇用側も採用時に特に1の条件を重要視することが多い。大学でのトレーニングは20代、30代の若い教員の参加者も多い。教員としての経験を積むことだけが校長や管理職の道に繋がっている訳ではなく、リーダーシップの

トレーニングが彼ら彼女らのキャリアを形成していく。2023年にはユヴァスキュラ大学を中心として、1を法制化し、大学でのトレーニングを必須とするように求める提言を政府に行っている。多くの教員が平等に受講できるようにすることを目指しての提言である。

5．教員不足の現状

　人気職であるはずの教員もその様相は地域や職種によって異なる。例えば、教員養成課程のある大学都市において、教員になることは極めて難しい。例えば、ユヴァスキュラ市の場合、1つの小学校教員公募が出た場合、30-40名の応募が来ることは珍しくない。一方で、地方においてはその限りではない。小さな町や村の学校の場合、教員を採用することが難しくなってきている。多くの若者が都市部に集中していく問題が起因している。また、職種によっても教員不足が生じている。例えば、特別支援教員は昨今の需要から人手不足である。また、2018年の幼児教育法（デイケア職員の3分の2の職員が幼児教育教員もしくは社会福祉士の資格を保持することを規定）の施行により、デイケアは有資格者を増やさなくてはならず、幼児教育教員も不足している。一方で、幼児教育は待遇が必ずしも良いとは言えず、絶えず人手不足の問題が起こっている。

　そのような中、2022年4-5月、38年ぶりにゼネラルストライキが起こり、JUKO（全国労働者組合）傘下のOAJ（教職員組合）は教育分野のストライキを決行した。OAJには約90％以上の幼小中高学校の教職員が所属しており、ストライキの主な要求は教職員の賃上げとウェルビーイングの向上であった。教職は人気や社会的信頼があり、幼児教育教員を除くと平均給与はOECD諸国に比べると高い。一方で、国内に目を向けると、見え方が異なる。フィンランド統計局の資料によると、民間セクターの給与に対して、教職の給与が約7割ととても低いものとなってしまっている（Tilastokeskus 2023）。加えて、保育園では慢性的な人材不足、特別な支援を必要とする児童生徒の増加による心理士、社会福祉士との面談報告書作成量の増加問題というウェルビーイングに関する問題も取り上げられた。限られた資源で教育を行なっていくという点で、根本的な解決策は未だに見出されてはいない。

6．多様な大人が関わる教室

　ここまでは、教員について話してきたが、もう少し視点を広げて、教室で子どもに関わる大人について見ていきたい。フィンランドの小学校の平均クラスサイズは 19.6 人（Opetushallitus 2019）となっており、OECD 平均の 21 人よりも少なくなっている。1 クラスに関わる大人も教員だけではない。多くの場合、スクールアシスタント（Koulunkäynninohjaaja）と呼ばれる職員が配置されており、教員とともに指導や学習のサポートを行う。スクールアシスタントは 1960 年から配置されており、その数も学校内においては教員に次ぐ多さである。児童生徒の学習にも深く関わっており、欠かせない人的資源である（Aintinluoma et al. 2022）。また、インクルーシブ教育の理念に基づき、特別支援教員が通常クラスに関わるケースも多い。昨今では、スクールコーチと呼ばれる職員を配置する自治体も増えてきている。スクールコーチの役割は、社会面の負担を教員から引き離すことである。例えば、子どもたちも揉め事やいじめの問題、不登校の問題などを心理士や社会福祉士と連携し、引き受けていく。スクールコーチはフィンランドでは比較的新しい職種であるが、世界的に共通である昨今の教員の多忙問題を解決するための手段として導入されていることがわかる。

7．教育の変化：義務教育の拡張

　多様な大人の関わりは社会の変化に対する対応という点が大きい。学校内部の変化とともに、フィンランドの教育システム自体も変化してきている。2021 年より後期中等教育（高等学校及び職業学校）が義務教育化された。この背景には社会経済的背景の教育への影響を抑えることがあると言われている。例えば、フィンランドにおいて、教科書は非常に高価であり、入学時に全教科分を一度に何冊も買わなければいけないという経済的不安（家庭からの支出）を解消するといったことである。

　加えて、2015 年より 6 歳児への 1 年間の就学前教育が義務教育となっている。就学前教育の主な目的は、協調性や社会性の育成、子どもたちが学校生活を送るための準備をすることである。また、特別な学習ニーズをできるだけ早い段階で把握することで、すべての子どもに同じような教育の機会を提

供するための助けとする。就学前教育の義務化は、幼児期への教育投資をより厚く行うべきという考えが元となっている政策の一つである。フィンランドはこの流れをさらに加速させようとしている。2019 年には就学前教育を 2 年間にするべきという案が与党から出され、2023 年現在、いくつかの都市で 5-6 歳児を対象とした 2 年間の就学前教育が社会実験として行われている。

　更に、昨今のフィンランドの流れとして顕著なのは、デイケアと小学校低学年を一つの施設にまとめた「デイケアスクール」という建物が各地に建て始められていることである。この施設の利点はいくつかある。まず、同じ大人たちが子どもを見続けられるということである。例えば、デイケアにも小学校にも特別支援教員が配置されるが、デイケアと小学校が異なる場合、複数の特別支援教員が子どもたちをフォローすることとなる。しかし、デイケアスクールでは、同一の特別支援教員がデイケア期（0 歳-6 歳）と小学校低学年までを通して見ることができる。また、子どもの視点からも「場所が変わらない」という利点が考えられる。小学校の入学時に環境がガラリと変わり、ストレスがかかったという思いはないだろうか。活動の内容が変わることへのストレスがあったとしても、場所が変わらないことによって精神的な安全性を保つことができるかもしれない。2 年間の就学前教育にも見られるように、いかにスムーズに幼児教育と学校教育を接続するか、子どもたちのウェルビーイングを保つかという課題を解決しようとする施策の一つである。一方で、このデイケアスクールは過疎地での公共教育施設の集約という性質も持ち合わせる。デイケアと小学校だけでなく、地方図書館を含めた施設が造られることも少なくない。公共施設を一ヶ所に集めることでコストの削減を見込める一方、アクセスに対する不平等の問題が発生するなど、考えなければいけない問題も存在する。

8. 終わりに

　フィンランドの教育は長らく国際的に注目されてきたが、2010 年代の PISA テストではその成績が低下してきている。教育学者 Pasi Sahlberg は、経済的な低迷が教育予算の削減につながり、それが学校でのスクールアシスタントや特別支援教育のスタッフの削減につながっていることを指摘してい

る。フィンランドの教育は、長らく教員の質を維持し、教育の品質を確保することに誇りを持って取り組んできた。しかし、社会の変化に対応するためには、単純に教員自体の変革だけでは不十分であることもフィンランド教育から示唆されるのではないだろうか。

引用・参考文献

- Antinluoma, M., Ilomäki, L., & Toom, A. (2022), "The involvement of teaching assistants in professional learning communities", *Cogent Education*, 9(1), pp.1-27.
- Kumpulainen, T. (Ed.) (2017), *Opettajat ja rehtorit Suomessa 2016: Lärare och rektorer i Finland 2016*, Helsinki, Finland: National Agency for Education. (https://www.oph.fi/sites/default/files/documents/opettajat_ja_rehtorit_suomessa_2016_0.pdf 2023 年 10 月 5 日最終アクセス)
- Opetushallitus (2019), *Average group sizes in basic education in Finland below the OECD average*. (https://www.oph.fi/en/news/2019/average-group-sizes-basic-education-finland-below-oecd-average#:~:text=In%20Finland%20the%20average%20group,averages%20were%2021%20and%2023 2023 年 10 月 5 日最終アクセス)
- Pekkarinen, T., Uusitalo, R., & Kerr, S. (2009), "School tracking and intergenerational income mobility: Evidence from the Finnish comprehensive school reform", *Journal of Public Economics*, 93(7-8), pp.965-973.
- Pollari, P., Salo, O-P., & Koski, K. (2018), "In Teachers We Trust – the Finnish Way to Teach and Learn", *i.e.: inquiry in education*, 10(1), Article 4. (https://digitalcommons.nl.edu/ie/vol10/iss1/4 2023 年 10 月 5 日最終アクセス)
- Sahlberg, P. (2010), "Educational change in Finland", In A. Hargreaves, A. Lieberman, M. Fullan, & D. Hopkins (Eds.), *Second international handbook of educational change*, New York, NY: Springer, pp.323-348.
- Tilastokeskus (2023), *Palkansaajien ansiotasoindeksi työnantajasektorin mukaan*. (https://www.stat.fi/tup/suoluk/suoluk_palkat.html 2023 年 10 月 5 日最終アクセス)

第 5 章

教員養成・採用における「距離」を 克服する政策への道筋

―オーストラリア遠隔地の教員不足問題を事例として―

伊井 義人

ここには、残れない。物足りない。なぜ、教員はオーストラリアの学校から去っていくのか。(The Guardian, 22. 06. 26)

学校の中で、大学生が教員を助けている。(The Australian, 22. 02. 08)

教員不足により、遠隔地の学校はリモート授業や合同授業に頼らざるを得ない。(ABC News, 22. 05. 24)

はじめに

　冒頭のような見出しが2022年の新聞やインターネット記事には掲載され続けている。このような記事からは、オーストラリアの教員不足の状況が、コロナ禍により全国的に悪化し、遠隔地ではさらに深刻な状況に直面していることがわかる。

　本章の目的は、オーストラリアにおいて、特に教員不足に直面している地域である遠隔地に焦点を当て、そこでの学校教育や教員供給の現状と課題、そして、それらを克服するために講じられている方策について考察することにある。

　そのために、本章では、第一に遠隔地の学校教育における教育課題の現状を分析する。そして、第二にオーストラリアにおける遠隔地の学校教育への「まなざし」の変化について述べたい。これらの二つの視点からは、「遠隔地はオーストラリアにとって、いかなる存在であったのか」「遠隔地の教育成果は他地域と比べどのような『差』がある」と認識されてきたのかを明らかにしたい。

　後半部では、前半部で明らかにしてきた遠隔地の教育課題に対処する教員の現状と課題を考察する。そこでは、都市部では見られない教育課題に対処する教員に必要な資質や能力がどのように定義づけられ、それらの資質や能力を習得した教員を養成しようとしているのかを明らかにする。

1．オーストラリアにおける遠隔地の定義

　オーストラリアは、広大な国土を有することで知られる。日本の21倍の面積を有する国土に居住する人口は、2023年の3月末の時点で約2,647万人

である。20世紀末には人口が2,000万人に満たなかったことを考えると、これ以降、約20年間での増加の程度がこの数値から想像できるだろう。しかし、一方でその増加状況にもかかわらず、国民の居住地域は、海岸線沿い、特に都市圏に集中している。一方、同国の主要な産業である牧畜業や鉱山業に関係する人口は内陸部に居住する。また、先住民の人口割合が高いコミュニティも内陸部に点在する。これらの内陸部や島嶼地域を含め遠隔地における社会インフラ、特に医療制度、通信制度などの提供は長年、課題とされてきた。これは教育分野においても例外ではない。まさに、教育分野も、ブレイニーが言う「距離の暴虐」に立ち向かい、克服しようとしてきた歴史を抱えているといえる。(ブレイニー著、長坂・小林訳 1980)

　同国における遠隔地の定義は、法的に規定されているわけではない。行政の観点から、各組織が政策の用途に応じて規定している。ここでは、二つの観点から同国の遠隔地の定義を提示する。

　まず、同国の統計調査・分析を管轄しているオーストラリア統計局（Australian Bureau of Statistics:ABS）の定義を紹介する。ここでは「大都市圏（major cities）」「地方都市部（inner regional）」「地方部（outer regional）」「遠隔地（remote）」「へき地（very remote）」の五段階に区分されている。特に後者の二つは、他の機関の報告書では「rural」や「remote」、そして時には「bush」と表現されている場合もある。この ABS の定義は、全国リテラシー・ニューメラシー学力評価プログラム（The National Assessment Program – Literacy and Numeracy: NAPLAN）でも採用されており、へき地を含めた遠隔地域とそのほかの地域の「差」を明らかにする上で、多くの情報を提供する指標として活用されている。

　実際の州レベルの教育行政ではさらに詳細な区分が活用されている。例えばクイーンズランド州であれば、州立学校の教員の異動基準（rate）として、遠隔地に位置する学校を「1・2・3・4・5・6・7C・7B・7A」に区分しており、4以上が遠隔地に位置づけられている。これは、数値が高くなるほど、遠隔地「度合い」が高くなり7段階目の基準はさらに3つに分かれているが A が最も遠隔地度合いが高い。クイーンズランド州教育省は、これらの区分をもとにして、遠隔地手当を支給しているが、詳細は後述する。

2．遠隔地における教育の現状

　端的に、全国的な教育指標をもとに遠隔地の学校教育を概観すると、都市部の学校と比べ「劣っている」という「まなざし」が向けられていると言わざるを得ない。ここでは、生徒たちの出席率とNAPLANの結果を考察し、そこで明らかになった課題に教師が対処する必要性を明示する。

(1) 出席率

　ここでは、90％以上の出席率を達成している割合を、地域ごとに先住民生徒および非先住民生徒を軸に比較する（AITSL 2019）。まず、初等学校への入学直後の1年生の出席率である。大都市圏の非先住民の生徒は80.3％、先住民の生徒は59.0％が9割以上の出席を達成している。一方で、遠隔地においては非先住民生徒が68.1％、先住民生徒は21.3％となる。つまり、入学直後の段階において既に大都市圏と遠隔地では生徒の出席率に歴然とした差が存在する。これが、義務教育の最終学年となる10年生になると、大都市圏の非先住民生徒は69.1％、先住民生徒が39.7％となり、遠隔地では非先住民生徒が50.9％、先住民生徒が12.9％となる。

　これらの数値からは、第一に地域にかかわらず上級学年になるにつれ出席率は低下すること、第二に大都市圏は遠隔地に比べ、先住民・非先住民にかかわらず出席率は高く、遠隔地は低いこと、第三に非先住民は先住民に比べ出席率が高いことが指摘できる。

　都市部と遠隔地の出席率の格差については、特に先住民生徒の観点から、欠席の理由は単一の原因ではなく、学校での使用言語、学校への親和性、先住民の日常生活における移動など、複合的理由に起因することが指摘されている（Prout-Quicke & Biddle 2017）。

(2) 学力

　次に、全国の3・5・7・9年生のリテラシーおよびニューメラシーの学力を悉皆調査であるNAPLANの結果について、出席状況と同様に地理的背景および属性（先住民・非先住民）を軸に考察する。ここでは、調査対象の最終学年である9年生のニューメラシー分野の結果に着目したい（ACARA

2021)。ここでの結果とは、調査が設定するミニマムスタンダート（最低限到達すべき学力水準）に到達している生徒の割合を意味する。

　都市圏においては、非先住民生徒の95.3％、先住民生徒の79.5％がミニマムスタンダードに到達している一方で、へき地では非先住民が92.3％、先住民が25.2％となっている。この結果でも、出席状況と同じ傾向の格差が見られるのは一目瞭然である。その同様の傾向と同時に、非先住民の生徒に関しては、都市部とへき地の格差が3ポイントと相対的に小さい。

　都市部と遠隔地の地理的要因による学力格差については、スミスらによる分析がある（Smith et.al. 2018）。ここでは、学校が位置する地理的要因が、生徒の成績に影響を及ぼしていることを明らかにし、特に「教員の質」が影響することを示している。また、先住民に関しては、出席率と同様に遠隔地では日常言語が標準オーストラリア英語とは異なる点や、学校教育への価値観の相違などが学力差を導くと指摘されている。

　ここまで出席率と学力の二つの側面から学校教育の状況を考察してきたが、数値的な観点から考えると、都市部と比べ遠隔地は「劣っている」存在であり、その状況を改善すべき状況であると認識されていることが改めて確認できる。そして、そこには地理的属性と先住民性を関連づけて考える必要がある。

　第一に地理的属性においては、地域社会と学校との関係性を考慮する必要がある。つまり、都市部とは異なり、遠隔地の学校は地域における唯一の学校であり、多様な特性を持った生徒が一堂に会する場所となる。つまりは、そのような学校は先住民の子ども、特別支援が必要な子ども、学力の高い子どもなどすべてを受け入れなければならない。それは「地域の学校」として必須の役割となる。そして、その分、教員は個に応じた柔軟な対応が迫られることとなる。また、学校は地元の地域産業に大きな影響を受ける場合もある。例えば、遠隔地の炭鉱町では、保護者の転勤の関係で子どもの転校も多く、数ヶ月で三分の一の子どもたちが入れ替わる学校もある。その場合、安定した教育活動を維持することが困難であると現地の教員から話を聞くこともしばしばである。このような多様な属性をもった生徒に柔軟に対応できる資質が遠隔地学校の教員には必須となる。

　第二に先住民の子どもたちへの対応があげられる。特に、先住民生徒は、遠隔地の中でも更に孤立した場所に居住しているケースもあり、その場合は都市中心のカリキュラムを遠隔地用に翻訳する必要性もある。NAPLAN は生徒の日常生活を背景にした問題も出題される。例えば、路線バスがない地域の子どもたちに、バスの時刻表に関する出題は適切なのかとの疑問も呈されている（ABC, 2016）。そのような生活経験のない子どもたちにも、バスの時刻表を読み解くスキルをさせる教授法をもった教員が必要となる。さらに、先住民の子どもたちにとって、英語が第2・3言語であるケースもあり、教授言語が標準オーストラリア英語に限定されているオーストラリアの場合には特別な配慮も必要となる。

　これら二点の側面を考慮しただけでも、遠隔地域で勤務する教員は、多様な属性を持った子どもたちに対応した教授法などを習得していることが必要とされることは容易に想像がつく。

3．オーストラリアにおける教員制度の概要と現状

　ここでは、遠隔地に配置される教員だけではなく、教員養成・制度一般についてクイーンズランド州を事例として、説明したい。一つの州に焦点を絞り説明するのは、オーストラリアが同国憲法により、教育に関する権限は各州政府が管轄しており、それは教員制度においても例外ではないからである。

(1) 大学での教員養成

　教員になるための最初の段階として、大学での教員養成コースへの入学が必要となる。これは日本とほぼ同様である。例えば、クイーンズランド州で最も多くの教員を輩出しているクイーンズランド工科大学の中等教育教員養成コースでは、フルタイムで4年間、パートタイムで8年間の就学が必要となる。入学の基準としては、オーストラリア高等教育入学ランク（Australian Tertiary Admission Rank: ATAR）というオーストラリアの大学入学基準で72.00 ポイントが必要であり、これは中等教育最終学年である12年生の上位28％以内の生徒が獲得できるポイントとなる。

同大学では、中等学校の教員を目指す場合、英語、地理、保健体育、歴史、数学、科学、生物、地球環境学、物理などから二分野を選択することとなる。フルタイムの場合は1年次から4年次まで講義を履修するが、学外での教育実習も2・3・4年次と系統的に実施され、その期間も2年次では15日間、3年次では20日間、4年次では二回で合わせて45日間の実習が実施される。この実習期間の中で、希望者は遠隔地の学校を選択することも可能となる。

　また、学部段階に加えて、大学院段階での教員養成コースも一般的であり、教員の大きな供給源となっている。学部在学時は、3年間で教育学以外の専門領域について学びバチェラーの学位を取得した後、大学院で教員としての教育を1～2年間履修し、グラデュエート・ディプロマを取得する（本柳2013）。

　次に、これらの学部・大学院でのコースを修了した段階で、教員登録を行うこととなる。この登録は、コース修了に加え、一定の水準の英語力がまず求められる。これは、オーストラリアを含む英語圏で4年間の高等教育課程を修了していれば求められないが、International English Language Testing System (IELTS) のスコアで代替される場合もある。その場合は、スピーキングとリスニングが8.0、リーディングとライティングが7.0、四つの技能の平均が7.5が最低要件となる。それら英語力に加え、「教師としての適性」も条件として含まれる。これは、テストなどによる適性判断ではなく、当人の犯罪歴や過去の教員として処分歴や登録申請が却下された理由などによって判断される。

　実際の大学での教員養成コースの学生数であるが、オーストラリアでは2005年から全国的な統計調査を実施している（AITSL 2023）。この統計情報は、入学者数、就学者数、修了者数の三つのカテゴリーのデータを収集している。2023年10月現在、最新のデータは2019年で、新型コロナウィルス感染症が拡大する直前であるため、いわゆるコロナ禍が教員養成に及ぼした影響はここでは推し量ることはできない。

　データを見ると、入学者数は2019年は28,694名であり、2005年比では、18.1％の増となる。加えて、教員養成コース全体の就学者数も、2019年には85,016名であり、2005年比で35.3％の増となっている。近年では、特にオン

ラインでの受講コースや、対面とオンラインの混合コースの入学者数や登録者数が増加している。ただし、これら二つの数値を時系列的に見ると、2017年までは順調に増加していたが、2018年度に入学者数が前年比19％減、登録者数が4％減となっており、コロナ禍前に減少に転じていることがわかる。つまり、そのコロナ禍前の段階で、既に教員養成制度はその後の教員不足の深刻化を予見できる状況にあったといえる。

　しかし、いずれにしても2005年比では、入学者数も就学者数も増加しているにもかかわらず、現在、教員不足に陥っているのか疑問が残る。その答えは、修了率が2005年比で2019年は0.7％の増加に留まっているからである。特に、オンラインコースでは修了率が、対面のコースに比べ低いという課題がある。加えて、全国の地理的な状況を加味して考えてみると、修了率が都市部においては約4％の増であるにもかかわらず、地方・遠隔地においては約11％の減となっている。また、本章で主たる事例としているクイーンズランド州では、事態はより深刻で、都市部では約32％の減、地方・遠隔地では約23％の減となっている。

(2) 教員登録

　次に実際の教員登録の手順について述べる。暫定登録、正規登録の二段階に分けられる。まず、暫定登録であるが正規登録までの期間は最大2年間であり、その間、文字通り「暫定的」な登録となる。対象者は、教員養成コースを修了した直後の新卒者、キャリアを中断し再登録の申請者、他州・海外の教員資格保有者となる。

　その暫定登録後、学校で200日の勤務経験を経て、かつ、教員スタンダードに合致した登録者が正規登録の段階に進むことになる。ここでのスタンダードとは、オーストラリア教職機構（Australian Institute for Teaching and School Leadership: AITSL）が設定する教員スタンダードであり、そこに合致しているかの判断については勤務先の学校長が行うこととなる。

　正規の登録後も5年ごとに登録更新が必要となる。その条件としては、毎年、オーストラリア国内で20日間以上教員として勤務し、5年間で計100日以上、教員として勤務している必要がある。そして、逮捕歴など個人履歴の

変更に関する確認、20時間の専門性開発のための教員研修を受けていることが更新の条件となる。仮に、これらの条件を満たさなくとも、再発行の手続きを経ることによって、教員資格を維持することができる。

　また、近年ではオーストラリア以外の国で教員資格を取得した人たちへのアピールも積極的になされている。これらの移民が、同国で教員として働く手順はAITSLのウェブサイトでも紹介されている。

（3）教員採用と異動

　最後に、教員（暫定）登録後の採用・異動について説明する。クイーンズランド州での教員採用の場合、新卒応募と一般応募に大別される。採用希望者は自らの配置校の希望を登録し、教員採用を希望する学校と条件が合致した場合、採用される手順となる。新卒の場合、配置2年目でパーマネント（終身雇用）教員に変更される可能性もある。しかしながら、パーマネントのポストは、新規採用のみならず継続的な雇用を求めている遠隔地の学校が多い。

　続いて、異動についてである。先述のとおり、地理的な条件をもとに1～7までの異動基準が設定されており、その数値が7に近づくほど遠隔地度合いが高い。この基準は、異動のための条件および遠隔地手当にも活用されている。通常、パーマネント雇用の教員の異動は同じ学校での3年間の継続勤務を経て申請権利を得ることができる。しかし、異動基準が高い場合は2年間の継続勤務で申請の権利が付与される。この通常よりも早い異動権利の付与は、遠隔地の学校にとっては諸刃の剣となりうる。つまり、遠隔地に多くの教員を引き付ける誘因ともなるが、勤務期間の短さにも直結する。ただし、異動申請をするには遠隔地の学校での2年間の継続勤務が必要であるため、それ相応の遠隔地への適応力は必然的に必要となる。

　そのような政策上の工夫にもかかわらず、近年では、定年前に退職する教員もしくは退職を検討している教員が増加している。職務内容の増加や教室内でのストレスを抱えている教員の割合が増加しており、このような傾向が、早期退職の志向につながり、教員不足の加速を促しているといえる。

4．オーストラリア遠隔地における教員を取り巻く環境

　遠隔地における教員を取り巻く環境における課題は、これまでも多く指摘されてきたが、その肯定的な側面はあまり言及されてこなかった。課題について古くは、1973年のカーメル報告においても指摘されている。注目すべきは、この頃から示されていた課題は、ほぼ現在でも継続して指摘され続けている点である。ここでは課題を二点に集約し、それぞれに論点を述べる。

　第一に教員の遠隔地学校での在職期間の短さである（Karmel 1973）。これは教員の離任率の高さにも繋がる（Commonwealth Schools Commission 1987）。ここでは十年以上前の資料となるが、遠隔地と都市部の教員の異動率などについての調査を紹介する（McKenzie 2011）。初等教育と中等教育の間でも異なるが、遠隔地の勤務期間の平均は初等教育で6.2年、中等教育で5.4年である。一方で、都市部は初等教育が7.2年、9.9年となる。そして、教員としてのキャリアも都市部は初等教育が16.3年、中等教育が17.6年、遠隔地はそれぞれ10.9年と12.9年となっている。つまりは、遠隔地の学校の方が勤務期間や勤務している教員のキャリアも短いことがわかる。そして、その差は中等教育の方が顕著となっている。

　第二に、教員の質の問題である。つまり、遠隔地に居住する生徒の教育ニーズに合致する専門性不足への不安（Department of Education 2011）である。また、1980年代後半から遠隔地の特性を熟知した教員の未配置にも言及されていた（Commonwealth Schools Commission 1987）。これらの教員の「質」の問題は、遠隔地への新任教員は都市部の同期よりも、教える準備ができていないと感じる割合が高いと指摘されることにも繋がる（McKenzie 2011）。ここでも、先程と同様、約十年前の調査となるが、学校長に対する質問として「教員募集への適切な人材の獲得」「適切な教員の残留」が学校運営上の悩みかとの問いに関して、都市部の学校長は約6％に留まっているのに対して、遠隔地の中等教育のそれぞれ1〜2割の学校長が「悩みをもつ」と回答している（McKenzie 2011）。

　また、実際に、筆者らが2018年に豪州で実施した遠隔地学校のインタビュー調査によると、これらの数値を裏付ける結果が見られた（青木・伊井2019）。教員確保の困難性であるが、実際の状況は、若干ニュアンスが異なる。

近年は、教員確保に大学との連携を重視している傾向があった。つまり、大学で実施する遠隔地の教育実習を受け入れ、適性のある学生に対してのリクルート活動に力を入れている。ただし、教員の確保ができたとしても、残留率を維持することは困難であり、教員の半数は30歳以下であることに加え、一年間で教員の半数が入れ替わる学校もあった。遠隔地学校で働く教員の適性は教員の質とも関連するが、調査先の学校長や教員研修センターの職員からは、フィッシュボール（金魚鉢）と表現される狭い地域社会に対応できるのは、オープンマインド、レジリエンス、グリッドであると耳にした。

　ここで気づくのは、教員として資質というよりむしろ、遠隔地コミュニティに合ったライフスタイルを学校側は重視しており、また、その方が長く勤務する可能性があると見ている点である。実際の州教育省も、遠隔地は教職キャリアにおいても、家族においてもチャレンジの場であることをアピールしている。また、現地調査では、長期間勤務している教員の中には、遠隔地が地元という教員もいたが、地元以外から赴任し、家族を持ち、長期間勤務している教員もいた。

5．教員不足への対策

　これまでも、遠隔地を中心として教員不足は継続的に認識され続けてきた。しかし、コロナ禍をきっかけとして、教員不足の認識が全国に拡がることとなる。その認識が公的になったのが、2022年8月の全国教育大臣会議においてである。各州・準州に教育の権限がある同国では、国家の学校教育の方向性はこの会議で決定されることとなる。この会議は、特に幅広い意味での遠隔地（rural, regional, remote）や特定科目（科学、数学、特別支援教育、言語、技術、農業・産業技術・工学を含む応用科目）において、教員不足が深刻な状況であることが共通認識された。

　ここでの認識をもとに、同年12月には全国政策が策定され、①教員供給の改善（キャリアとして教職を選ぶ人たちの拡大）、②教員養成・初任教員研修の強化（教員養成での教育が教員供給を支援し、すぐに教室で教えられる準備ができた新卒を提供）、③現職教員の維持（教員支援の強化、キャリア選択の拡大、教員の不必要な負担の削減、教員本来の仕事と協働性に集中できる

ための環境改善）、④専門性の向上（教員が生徒や地域社会、経済に対してもたらす価値の認識）、⑤将来の教員へのより良い理解（教員養成プランに必要な情報の改善）が提示された（Education Ministers Meeting 2022）。この全国政策により教員不足対策の一層の充実が期待された。

　次に州段階での、教員不足の現状（ABC Radio Brisbane 2022）と対策をクイーンズランド州の事例を中心として述べる。2022 年 5 月の段階で、同州では 300 校で 1,050 名分の教員枠が不足していた。これは、2021 年段階では 760 名分の枠の不足にとどまっていたため、増加していることがわかる。このような現状に関するアンケートでは、75％もの学校長が、その不足を埋めるために管理職を含む教員以外のスタッフが教えていると回答している。また、約 3 分の 2 の教員が専門外の領域を教えているとの調査結果も公表されている。

（1）教職志望者を対象とした対策

　クイーンズランド州では、教職志望者の増加を目指し、様々な奨学金が準備されている。まず最も対象範囲が広いのが「未来ある教員への補助金（Aspiring Teacher Grant）」である。これは、教員養成プログラムに就学を希望する高校生で、大学への在籍確定後、支給される奨学金である。支給額は、一般的には 2,500 豪ドルであるが、遠隔地・へき地出身の学生は二倍の 5,000 豪ドルとなる（2023 年 10 月現在、1 豪ドルは約 95 円である）。この点でも、地方部出身の学生をより多く教員養成コースに在籍させたい政府側の意図が読み取れる。また、金額面で優遇はないが、先住民生徒はその奨学金の採用に優先される。

　さらに、先住民限定の奨学金（Pearl Duncan Teaching Scholarship）も準備されている。これは、一時的な奨学金ではなく、継続的であることが特色となる。12 年生修了者は、大学に入学後 4 年間最大 20,000 豪ドルが、大学院生には最大 10,000 豪ドルが二年間支給される。また、教育省職員として勤務している先住民が、学部もしくは大学院に就学する際には、最大 20,000 豪ドルが支給されることとなる。このように特に、教員を志望する先住民に対しては、対象者が置かれるキャリアなど、より多様な背景に対応できる奨学金も整備されている。

また、遠隔地の学校で教育実習をする学生への支援金も二種類、準備されている。その一つ（Beyond the Range Professional Experience Grant）は、異動基準4〜7の学校で三週間（15日間）以上、教育実習を実施する大学生に最大5,000豪ドル支給される。この期間内だけで、日本円にして約4万5000円の給付がなされる。現地までの移動費に加え、都市部と同額以上の宿泊費や生活費を考慮すると、そこでの経費に見合った支援といえる。また、それよりもへき地度合いが低い地方部の学校で実習する学生には最大3,400豪ドルが支給される奨学金（Regional Professional Experience Grant）も準備されている。ただし、これらの奨学金は一般的な教員養成コースに在籍する学生への奨励策にすぎない。これらの策に加え、代替措置的なプログラムも準備され、運用に移されている。

　まず、「臨時的教授認可（Permission to Teach：PTT）」プログラムである。これはクイーンズランド州だけではなく、全国で導入されている。これは、教員の雇用機関が特定の科目、学習領域、地理的な場所などが理由で、適切な登録教師を確保することが困難な場合や教育実習希望者にのみ、PTTが付与される。オーストラリアの教員制度は、州の教員登録機関から「認可された教員」のみが州立だけではなく、それ以外の学校で教員として働くことができる。この認可された教員にはPTT保持者も含まれている。

　各学校は教員不足解消のためPTTプログラムを活用することもでき、①教員勤務と学業のバランスに配慮し、②実習校と雇用される学校が同一の場合、大学と当該学校が協議し合意した場合のみ、教育実習生を雇用することが可能となる。このPTTプログラムの登録者は年々増加しており、クイーンズランド州では二年前の2020年には211名であったのが、2022年には888名と4倍以上のペースで増加している（Queensland College of Teachers 2022）。PTT資格は、毎年、教員登録の許可を得なければならない。

　次に、遠隔地出身の先住民のみを対象とした教員養成プログラム（Remote Area Teacher Education Program: RATEP）である（青木2008）。このプログラムは、その前身となるプログラムを含めると1977年から45年以上の歴史を有し、クイーンズランド州北部に位置するタウンズビルやケアンズにキャンパスを持つクイーンズランド州職業訓練校（TAFE）とジェームス・

116

クック大学教育学部でプログラムを履修することとなる。しかし、すべてが
キャンパス内でのプログラムではなく、出身地域でオンライン主体のプログ
ラムと併用することも可能となる。また、入学時には、従来の入学要件とは
異なる特別選抜枠も設けられている。このプログラムを修了した第一世代は
すでに教職の一線を退いているが、各地域の教育リーダーとして活躍してい
る教育者など、長年の蓄積により、成果は出ている。

　最後に、クイーンズランド州以外の事例となるが、ビクトリア州メルボル
ンにあるラ・トローブ大学のみのプログラム（NEXUS）を紹介する。このプ
ログラムは、社会正義（social justice）に強い関心と熱意を持つ学生を対象と
している。ここでは関心のみならず、強固な対人能力やレジリエンス、中等
教育の教員になるための責任感や、地方や遠隔地に赴任を希望するなどの要
件が重視され、プログラムへの入学が許可される。これは単なる奨学金では
なく、世界初の雇用ベース（employment-based）の教員養成プログラムであ
る。つまり、一年目はパートタイム、二年目はフルタイムで学校において雇
用されながら、教員資格を取得するものである。

(2) 現職教員を対象とした対策

　最後に現職教員を対象とした「遠隔地勤務推進策」に焦点を絞り、提示し
たい。これは日本における「へき地手当」に相当する。そのような優遇策をク
イーンズランド州教育省は、『教職としての冒険を選ぼう』という冊子で詳細
に教員に告知している（Department of Queensland 2023）。

　まず、財政的な支援が交通費補償手当（家族も含み、年間三往復分）、へき地
手当、先住民地域特別手当、初任教員特別手当などがあげられる。更に手当で
はないが、大学時代の教育ローンについても、4年間、遠隔地で勤務すると減
免措置を受けることができる。また、財政的支援ではないが、通常の休暇（年
間20日間）に加え、遠隔地の特別休暇も最大5日間、提供されることとなる。

　以上のような誘因策が、教員を引き付けることには一定の成果があるとも
考えられるが、その地域に必要な教員としての「質」が伴うとは必ずしも限
らない。新任教員には、地元のコミュニティに対応するための体系的な初任
期教員研修、異動基準が6・7の学校に赴任する教員には、地域環境やライフ

スタイルに関するプログラムが準備されていることも特色といえる。また、さらに向上心を持っている教員には、教育学修士取得補助手当なども、休職せずにオンラインなどでキャンパスに通わずに教員としての専門性を向上させることを目的としている。

まとめ

　ここまで、オーストラリアにおける教員制度を概観するとともに、その制度が直面している教員不足への課題解決を遠隔地に着目して考察してきた。そこでの特性は以下の点に集約できる。

　第一に教員不足問題を国家規模での課題と認識し、教員養成・採用における対策を講じている。これは、現在、日本を含む多くの国々と共通した動向である。そして、その量的な拡大のみならず、質の担保との両立に苦慮している。

　第二に遠隔地の学校は、学力を中心とした教育成果において他の地域に「劣って」いる状況にあると見られ、他の地域と同じ成果達成を目指すのが公正の観点から重視されている。この目標を達成するためには、教員の質の担保が都市部など、他の地域よりも重要となる。

　特に遠隔地の学校に対しては、教員の適切な配置を実現するための施策を講じている。公正という観点から考えるならば、これは配分と承認のバランスを尊重する議論といえるだろう。単に学力や教員の配置など数値上の公正さ（配分）の実現だけではなく、遠隔地特性の尊重（承認）を前提とした上での教員の質の向上、つまり力量形成が必須となる。

　その質を考える際、全国統一の教員スタンダードをもとに考えるだけではなく、その指標を補って余りある遠隔地の特性を基準に教員としてキャリアを開始し、そこで経験を積んでいくキャリアパスも設けられているのが、オーストラリアの教員養成・採用の特色といえる。これらの動向に対して、今後も配分と承認の観点からも注目していく必要がある。

引用・参考文献

- 青木麻衣子(2008)「オーストラリア先住民を対象とした遠隔地教員養成プログラム―「是正」措置における「基準」の維持をめぐって―」『オセアニア教育研究』第14号、4-19頁。
- 青木麻衣子・伊井義人 (2019)「オーストラリア遠隔地の学校における教員の確保と定着に関する課題―学校長・教員へのインタビューからその実態を探る―」『オセアニア教育研究』第25号、68-85頁。
- ジェフリー・ブレイニー著、長坂寿久・小林宏訳 (1980)『距離の暴虐:オーストラリアはいかに歴史を作ったか』サイマル出版会。
- ナンシー・フレーザー、アクセル・ホネット著、加藤泰史監訳 (2021)『再分配か承認か?―政治・哲学論争』法政大学出版局。
- 本柳とみ子 (2013)『オーストラリアの教員養成とグローバリズム:多様性と公平性の保証に向けて』東信堂、2013年。
- ABC News (2022), *Teacher shortages force regional schools to turn to remote learning, combined classes.*
- ABC Radio Brisbane (2022), *Sharp increase in Queensland teacher vacancies as nonteaching staff front classes to stay open.*
- ABC North West Queensland (2016), *NAPLAN test may be city-centric say rural teachers.*
- ACARA (2021), *National Assessment Program: Literacy and Numeracy Achievement in Reading, Writing, Language Conventions and Numeracy: National Report for 2021.*
- AITSL (2019), Spotlight (Attendance Matter).
- Australian Institute for Teaching and School Leadership (AISTL) (2023), *Australian Teacher Workforce Data (ATWD) National Trend: Initial Teacher Education Pipeline.*
- Commonwealth Schools Commission (1987), *Schooling in Rural Australia.*
- Department of Education (Western Australia) (2011), *Demonstrating agility and resilience: Innovative Strategies for Small and Remote Schools.*
- Department of Queensland (2023), *Choose your teaching adventure: Discover the benefits of teaching in a rural or remote location.*
- Education Ministers Meeting (2022), *The National Teacher Workforce Action Plan.*
- Kelly, N. & Fogarty, R. (2015), "An Integrated Approach to Attracting and Retaining Teachers in Rural and Remote Parts of Australia", *Journal of Economic and Social Policy*, 17(2) .
- Phillip, M. et al. (2014), *Staff in Australia's Schools 2013: Main Report on the Survey*, Australian Council for Educational Research.
- Prout-Quicke, S., & Biddle (2017), *N.,School (non-)attendance and "mobile cultures": Theoretical and empirical insights from Indigenous Australia. Race Ethnicity and Education*, 20(1), pp.57-71.
- The Guardian (2022), *I can't stay. It's not enough': why are teachers leaving Australian schools?.*
- Smith, C., Parr, N., and Salut, M. (2018), "Mapping schools' NAPLAN results: a spatial

inequality of school outcomes in Australia", *Geographical Reserch*, 57(2), pp.133-150.
- The Australian (2022), *School's in for university students 'rescue teachers'* .
- Queensland College of Teachers (2022) *Annual Report Snapshot, 2022.*

第6章

タイにおけるプロジェクト型教員養成

牧 貴愛

はじめに

　本章では、タイにおける教員養成、とくに山岳・国境地帯などのへき地における教員の不足とその対応をねらう種々の教員養成の取り組みについて紹介する。教員不足への対応という特定の目的をもった取り組みは、タイ語で「クロンガーン（Khrongkan）」という「計画」ないし「プロジェクト」を意味する言葉を冠している。本章で紹介する教員養成の取り組み事例は、いずれも「クロンガーン」が付いている。本章では、そうした特定の目的のもとに組織される教員養成をプロジェクト型教員養成と呼ぶ。まずは、それに先だって、タイの概況や教育制度、教職の社会的な位置づけ、教師教育制度について触れておこう。

　『日タイ交流六〇〇年史』（石井・吉川 1987）という書物や、2022 年に「日タイ修好 135 周年」（在タイ日本国大使館 2022）を迎えたことに示されるように、タイは日本との関係が濃い東南アジアの国のひとつである。また、1985 年のプラザ合意以降、日系企業の進出が加速し、タイは一気に工業化を遂げた（大泉 2023）。2022 年 10 月時点の在留邦人数は、7 万 8431 人（2022 年 10 月）であり、米国、中国、オーストラリアに次いで、第 4 位である（外務省 2022）。目下、「タイランド 4.0」というイノベーション主導型経済社会を目指して、バンコク東部の東部経済回廊を中心に、スマート、デジタルといった言葉を冠する次世代産業の振興が図られている（大泉 2017）。

　タイの学校教育制度（図 6.1）は、日本と同じように、6-3-3 の単線型に近いかたちをとっており、9 年間の義務教育の後、後期中等教育段階から普通科と職業科に分かれる（牧 2021a）。

　2013 年から 2017 年までの基礎教育段階の純就学率は 96％前後で推移しており、概ね基礎教育は普遍化している（OEC 2019）。逆に言えば、後述する「プロジェクト型」の教員養成は「ラスト数パーセント」を主たるターゲットとしている。高等教育機関は 156 機関（国立 84 機関、私立 72 機関）あり（新原 2018）、近年タイは「ヨコ」学歴社会を迎えている（牧 2021a）。

　学校の設置形態には、国立、私立に加えて自治体立があり、一般的な国立と私立は教育省、自治体立の学校は内務省がそれぞれ管轄している。本章で紹介する国境警備隊学校（Border Patrol Police School）は、国家警察庁国

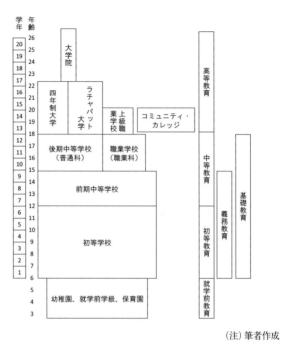

(注) 筆者作成

図 6.1　タイの学校系統図

境警備隊部の管轄下にあり、全国に 220 校（初等学校 218 校、前期中等学校 2 校）、全体の学校数 56,094 校の 0.04％ と小さい。しかしながら、2020 年時点で 26,577 名の児童・生徒が就学しており、2,282 名の教員が勤務している（OEC 2021）。

　タイでは教師は尊い存在とされている。公立私立を問わず、幼稚園・保育園から大学までの全ての教育段階の教師に対して敬意を表すための記念日が年に 2 回、公的に定められている。ひとつは新学期が始まってすぐの 5 月下旬から 6 月にかけての木曜日に行われる学校行事「ワイ・クルー（教師拝礼）」であり、もうひとつは毎年 1 月 16 日と定められている「ワン・クルー（教師の日）」である。「教師拝礼」の日には、園児・児童・生徒・学生が、それぞれにフラワーアレンジメントを作り、教師を訪ね、教師の「慈悲と思いやり」に「感謝と恩義」を示す。「教師の日」は、教員免許状を所掌するタイ教員審議会の創設記念日であり、当日は首相自らが学校時代の恩師を招き、感謝と恩義

124

を示す式典が執り行われ、その様子は全国に報道される。また、1957年以来、タイの教育発展に多大な貢献をしたとして讃えられる優秀教師（故人）の伝記を綴った小冊子『教師列伝（Prawat Khru）』が編纂されている。『教師列伝』は式典の出席者に配布され、また、全国の学校の図書室等へも送付される（牧 2018）。

1．教職への道―養成・採用―

　タイの学校教員の身分は、教育省基礎教育局管轄下の国立学校の場合は教育公務員、内務省管轄下の場合は地方公務員としての身分を有する。ここでは、一般的な国立学校の教員を例として、教員の資格要件、教員養成、教員採用について紹介する。

(1) 教員の資格要件

　教育公務員としての教員の任用の根本基準は「教育公務員・教育職員法（2004年版）」第30条に13項目にわたって定められている。かいつまんで紹介すると、タイ国籍を有していること、18歳以上であること、国王を元首とする民主的な政治体制を信奉する者といった要件に加えて、禁固、破産宣告、免職などの処分を受けていないことといった人間性、道徳性に関わる事項が大半を占めている。これらの任用の根本基準に加えて、教育学系の学士号または教育公務員人事院が認定するその他の学位を所持していること、教員免許状を取得していることが求められる（牧 2012）。

　以上の教員採用の手続き的に必要な資格要件とは別に、方向目標的なものとして教員専門職基準が定められている。同基準は、最初2005年に制定され、2013年、2019年に改定されている（牧 2020）。同基準は、教員免許状の取得要件となっており、また、日本と同じように、教員養成課程の内容を規定している（牧 2014）。ちなみに、タイの学校には、公立私立を問わず、英語を教授言語とする特別教育課程（イングリッシュ・プログラム）を開設している学校がある。その特別教育課程では、タイ国籍を持たない外国人教員が教壇に立っていることが多い。ネイティブ志向の強い保護者の多い学校では欧米人が雇用されており、リンガフランカ（共通語）と捉える学校で

はフィリピン人、アフリカ諸国にルーツをもつ外国人が雇用されている（牧2021a）。外国人とはいえ、タイの学校で教壇に立つ以上は教員免許状ないし臨時指導許可を得る必要がある。2023年3月から教員免許状には臨時免許状（Provisional Teaching License: P-License）、基礎免許状（Basic Teaching License: B-License）、上級免許状（Advanced Teaching License: A-License）の3区分が設けられることになった（TCT 2022）。

(2) 教員養成

　タイの教員養成は、日本や諸外国と同じように、高等教育段階で行われている。そのため、教員を志望する者は大学入学試験を受験する。その際、教育学分野の専門性適性試験のスコアの提出が求められる。高等教育機関は、法人化した大学27機関、国立大学57機関、私立高等教育72機関（私立大学42機関、私立カレッジ19機関、私立学院11機関）の計156機関である（牧2021b）。中でも国立大学57機関のうち38機関を占める旧師範学校にルーツをもつラーチャパット大学教育学部が、全体の約6割の教員を輩出しており、教員養成の主翼を担っている（牧 2018）。

　タイの教員養成は、20数年前の教育改革により「高度専門職（a highly respected profession）」として位置づけられ、2004年から2018年まで、1年間の教育実習を含む5年課程を備えていた。また、1年間の教育実習期間中に、教育実習生はアクション・リサーチに取り組む「研究に基礎を置く教員養成（Research-based teacher education）」という特徴を有していた（牧 2018）。まさに、グローバルな教師教育改革の潮流（Kosnik, Beck, and Goodwin 2016）を一足先に行く先進的なものであった。しかしながらその後、不安定な政治、政権が続き、2019年4月入学者から従来の4年課程へと改革された（牧 2020）。現4年課程の卒業要件の単位数は130〜150単位（単一専攻、副専攻、複数専攻）である。科目は、教養科目、専門科目（教職科目と教科専門科目）、自由選択科目からなる。1999年の改革前の1995年時点の4年課程の単位数と、2019年時点の4年課程の単位数を比べると、教養科目の単位数が減少しており、研究に重きを置くといった特徴とある意味逆行するような状況が見られる（Maki 2022）。

（3）教員免許認定試験

　上述したように教員養成年限が2019年度入学生から4年課程へと短縮された。これに伴い、4年課程の卒業生は、教員免許状を取得するために「教員専門性能力評価試験」と呼ばれる試験を受験することが求められるようになった。この試験は、上述した教員専門職基準の内容と対応しており「知識・経験」に関する筆記試験、「職務遂行・倫理規程」に関する試験からなる。「知識・経験」に関する筆記試験では、コミュニケーションのためのタイ語、英語、デジタル・テクノロジー教育活用、教職科目、教科専門科目の5科目（その後、教職科目と教科専門科目が統合されて4科目になった）の試験を受験する。他方の「職務遂行・倫理規程」に関する試験は、教育実習時に、大学の指導教員、実習校の指導教員、実習校の学校管理職または委任された者によって計3回の評価がなされる。3名の評価者のそれぞれの配点の重みは、観点毎に異なっている。たとえば、学習指導の場合は、大学の指導教員、実習校の指導教員、学校管理職、それぞれ50、40、10である。他方で、保護者や地域との関係構築という点については、30、40、30であり、実習校の指導教員のスコアの重みが大きくなる（TCT 2021）。

（4）教員採用試験

　国立学校の教員採用試験は、教育省教育公務員人事院ならびに基礎教育局からの通達を受けて、教育地区ごとに実施される。たとえば、2023年の場合、次の表6.1に示すスケジュールに沿って実施された。

　具体例を見てみよう（TEPSC 2023）。東北部のウドンターニー県教育地区（初等教育）第1区の告示には、学歴資格に応じた初任給の金額、受験資格（先述のタイ国籍等々）、応募書類の提出先、提出書類（受験料300バーツ、約1,200円）、試験日時・内容、配点、評価などについての記載がある。

　それに続けて今年度、採用予定の学校名（6校）、学校所在地（郡名）、算数、タイ語、英語、幼児教育、教科の記載があり、続けて、数学1名、タイ語1名、英語1名、幼児教育3名の計6名の採用を予定していることが示される。

表 6.1　教員採用試験の日程

日　　程	内　　容
2023年5月9日	基礎教育局から教育地区事務局長宛の通達
2023年5月24日水曜日	募集告示
2023年5月31日水曜日から6月6日火曜日まで	出願
2023年6月13日火曜日までの間に	有資格者名（受験有資格者）告示
2023年6月24日土曜日	一般教養試験（筆記試験）
2023年6月25日日曜日	「知識・経験」試験（筆記試験）
2023年7月3日月曜日までの間に	面接試験の有資格者を告示
7月末までの間で教育地区事務局教育公務委員人事小委員会が定める日	「職位、教職への適性、相応しさ、教育機関における職務遂行能力」試験（面接、ポートフォリオ、実技、教授学習にかかる潜在能力の評価）
同上	試験結果の告示

（注）OBEC（2023）より筆者作成

　2023年6月9日の受験有資格者の告示には、4教科・領域で、311名の応募があったこと（受験倍率は約51.8倍）、それに続けて、試験日時、内容、配点が記載されている。後半には、受験番号、性別、氏名、専門が記載された一覧表と試験会場が記載されたリストが添付されている。ちなみに、タイ最北県のチェンラーイ県初等教育第1地区は10名の公募枠に対して186名の応募があった（受験倍率は18.6倍）。ちなみに、チェンラーイ県中等教育第1教育地区は2名の公募に対して149名の出願があった（受験倍率は72.5倍）。

2．多面的な教員不足問題

　タイにおける教員不足の問題は、歴史的に見れば、日本とほどなく同じくらいの時期に、近代的な学校教育を導入し始めた際に起こっている。タイで初めて教員養成機関が設置されたのは1892年のことであるが、当時の入学生は4名であった。1898年に「地方教育整備に関する布告」が発布され、地方への教育普及が図られた際には、仏教寺院を教場、学校として、仏教僧が教師の役割を担っていたとされる。ただし、仏教僧が学校教員としての役割

を全うすることは難しく、地方における教育普及は頭打ちの状態が続いたとされる（村田 2007）。

　戦後、1954年に教育省教員養成局が設置され（村田 1987）、教育爆発が手伝って初等教育の就学率が上昇、階層化を伴いつつも中等教育も拡大した。その結果、1970年代には、タイ全土に36の教員養成カレッジ（現ラーチャパット大学）が設置された。1978年以前は下級、上級教員資格であったが、1978年以降は学士号を取得する教員が増加した（村田 1987）。ただ、タイの人口動態をみると教員養成機関の整備が整った1970年代から人口増加率が鈍化し、1980年代には教員の過剰供給が問題になっている（村田 1987）。

　他方で、へき地校における教員不足の問題は潜在的に存在していたものと推測される。しかしながら、現行のタイの教育の根本理念を定めた「国家教育法」の制定にかかる調査研究の報告書（Phonsima 1998）では安い教員給与、教員の専門性向上に対する意識の低さ、地域住民との連携の欠如といった問題は指摘されていたが、へき地における教員不足といった問題は等閑視されていた（牧 2012）。ちなみに、教員の負債問題はメディアを賑わすほど深刻であった（牧 2018）。この給与問題については、2004年以降に給与スケールが改定されたり、業績と給与を直結させた職階制、教員評価制度が整備されたりした（牧 2012）。こうした改革により教員の負債問題は一定程度解消され、前節で見たように教員採用選考試験の倍率は高い。

　へき地校における教員不足の問題が発見、ある意味、再発見された（その現実を教育省やタイ社会が突きつけられた）のは、「国家教育法」に基づく教育改革の一環として導入された学校評価の報告書を通してであった。当時、集中治療室を意味するICU（Intensive Care Unit）と学校という用語を組み合わせて「ICU学校（rongrian ai si yu）」と呼称された学校の多くは、地方にある児童数100人以下の小規模校であった。この問題は、20年余りが経過した今日まで継続している。たとえば、次の写真は、筆者が2022年7月に訪問したタイ北部のへき地にある小学校である。同校には2名の教員しかいない。うち1名は校長代理、もう1人は東北部のコンケン大学教育学部卒の新任教員で、就学前1学級を含む7学級を担当している。そのため複式指導にならざるを得ない。

（注）筆者撮影

図6.2　複式指導にあたる校長代理（地方の小学校）

　昨今、注目を集めているのが、外国人労働者の子弟の教育問題や外国籍・無国籍の学校にいけない子どもたち（Out-of-School Children and Youth：OOSCY）の問題である（森下 2023）。仮に、こうした外国籍、無国籍の子どもたちが学校に通う場合、言語や文化の違いはもちろんのこと、様々な背景をもった子どもたちの多様性に対応した教員は絶対的に不足している。

3．プロジェクト型教員養成
(1) ペット・ナイ・トム

　1985年、国内治安部隊（Internal Security Operations Command）と高等師範学校を前身とする総合大学であるシーナカリンウィロート大学教育学部の協働による国境県の居住者を対象とした直接入試が導入され、翌86年に第一期生が入学しており、今日もなお継続している。このプロジェクトは「ペット・ナイ・トム（Pet nai tom）」と呼ばれている。「ペット・ナイ・トム」とは、ダイヤモンドを意味する「ペット」と、〜の中、内側を意味する「ナイ」と暗闇を意味する「トム」からなり暗闇の中のダイヤモンド、転じて「暗闇を照らすダイヤ」プロジェクトと訳出することができよう。このプロジェクトは、国家の発展に資する地域開発に率先して取り組む優れた教員を育てるというヴィジョンの下、シーナカリンウィロート大学教育学部を主たる実施主体として始まったものである。

　同プロジェクトで入学した学生は、毎学期 1 万 3,000 バーツ（約 4 万 6 千円）の奨学金を受給しながら、教員養成課程（初等教育専攻）5 年間の学修に加えて、地域開発に関する特別カリキュラムを学修し、卒業後、出身地の地域開発に率先して取り組む教員となることが期待されている。2016 年度の同プロジェクトの募集要項を見ると、定員 45 名とあり、初等教育専攻の定員 60 名の 75％を占める。定員 45 名の内訳は、タイ国内治安部隊の 4 つの管区毎に決められている。

　第一管区（カーンチャナブリー県、トラート県、ベッチャブリー県、ラーチャブリー県、サケーオ県、プラチュアップキーリーカーン県）から 7 名。第二管区（ナコンパノム県、ブリラム県、ムックダハーン県、ルーイ県、シーサケート県、スリン県、ノンカーイ県、ウボンラーチャターニー県、アムナートジャルーン県、ブンカーン県）から 11 名。第三管区（チェンラーイ県、チェンマイ県、ターク県、ナーン県、パヤオ県、ピサヌローク県、メーホンソーン県、ウタラディット県）から 8 名。第四管区（チュムポーン県、ナラティワート県、ヤラー県、ラノーン県、ソンクラー県、サトゥーン県、パッタニー県）からは、パッタニー県、ヤラー県、ナラティワート県からは各 5 名、それ以外の県から 4 名の計 19 名、である。これらの県の地理的な位置を地図上で確認すると、いずれの県も、隣国と接している国境県であることがわかる。このプロジェクトが開始された 1985 当時、国内の共産主義勢力は弱まりつつあったが、共産主義国に囲まれたタイにとって、国境県という暗闇を照らすダイヤモンドのように輝く教員を養成し、今後の国防に備えることが重要だったと考えられる（牧 2017）。

(2)　クルー・ラック・ティン（地元を愛し、地元を守る教員）

　本事業は、2018 年に設置された「公正な教育のための基金（Equitable Education Fund：EEF）」によるへき地教員養成の取り組みである（牧・下田 2021）。2018 年度に始まり、2019 年度から「クルー・ラック／ラ（ッ）クサー・ティン」という愛称がつけられている。「教員」を意味する「クルー」、「愛する」を意味する「ラック」、「地元」を意味する「ティン」からなり「地元を愛する教員」という意味になる。また、タイ語表記のラックの後に「s」が書き添え

られており、「ラック」に続けて読むと「守る」を意味する「ラ（ッ）クサー」とも読むことができる。この場合「地元を守る教員」という意味になる。つまり、この事業は「地元を愛する教員」と「地元を守る教員」といった二つの意味をあわせもっているのである。

　同事業は、へき地に立地し、教員が不足しがちな小規模の小学校およそ2,000校をターゲットとして、5年間、毎年300人に対して、教員養成機関在学中の奨学金を支給し、計1,500人の初等教員ならびに就学前教育段階の教員を輩出する計画である。また、同事業では、教員としての心構え、道徳、倫理、知識を備え、学習指導を通して、学習者とコミュニティを開発し教育格差を是正し、タイの教育制度の質の向上を図ることのできる新しい世代の教員の養成を目指している。

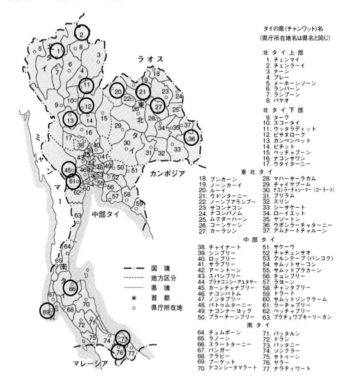

（注）アジア経済研究所編（2021）、259頁より筆者作成

図6.3　参画大学の立地

　参画大学を年度別にみると、2018 年度は 11 大学、2019 年度は 10 大学、2020 年度は 10 大学、2021 年度は 10 大学、2022 年度は 7 大学が参画しており（EEF 2021a）、そのほとんどがラーチャパット大学である。地図上で、その立地を確認すると概ね、国境・山岳地帯に立地していることがわかる。

　同事業のリーフレットによれば、へき地教員養成事業の流れは、大きく、①参画大学の公募、②事業に参画する教員養成機関の選考、③奨学金を受給する奨学生の選考、④大学入試、⑤教員養成課程での学修、⑥教員としての配置とモニタリング・評価、の 6 段階からなる（EEF 2020）。教員養成課程の学修では、通常の教員養成課程の学修に加えて、後述する「エンリッチメント・プログラム」と呼ばれる付加的な活動に取り組む。この間、学生は、年 4 万バーツの授業料等の補助、月 2,000 バーツ（約 8,000 円）の家賃補助、月 6,000 バーツ（約 24,000 円）の生活費補助、月 2,000 バーツ（約 8,000 円）のテキスト・教材費の補助を受給する。卒業後は、教員としてへき地校に配置され、最低 6 年間の勤務義務が課される。その間、モニタリングが行われたり、調査研究が実施されたりすることになっている。

　教員養成機関が作成する提案書には、コミュニティのニーズに応じた、最新のカリキュラム開発や教授学習過程が整っていること、高度専門職としての教員スタンダードが定める知識と経験の基準を満たしていること、かつ「三つの特性」を持つ卒業生を輩出できることを明示することが求められている（EEF 2021b）。「三つの特性」については、次のように記載がある。

　第一に、多様な教授学習法、複式学級の指導法、個々に特性の異なる学習者の発達支援などを含む教職の基礎となるコンピテンシーとスキルを有すること。学術的なコンピテンシーならびに教員としての心構え、倫理・道徳を備えていること。

　第二に、思考・分析力、批判的思考力、複雑な問題を解決する力、他者との協働、コミュニケーション、創造的思考力、テクノロジーの活用、職務に関するスキルの向上、多文化学習など 21 世紀スキルに関連するコンピテンシーとスキルを備えていること。

　第三に、コミュニティ開発に対する意志、自己また他者に対する責任感、困難な状況に対する忍耐力、足を知る生活、状況に適応する柔軟性、理論を

応用したイノベーティブな教育実践など、へき地校で教員として勤務する心構えとコンピテンシーを備えていること、である。

　教員養成機関は、以上の教育内容に加えて、この事業の特徴の一つである「エンリッチメント・プログラム」を整えることが求められている。同プログラムは、通常の教員養成課程の学修とは別途提供される様々な活動から構成されている。例えば、へき地校での教育実習を通じた現職教員との協働授業の実施、専門外の教科指導力の強化と協調性の涵養、コミュニティとの交流活動、外国語とコンピュータ関連の研修や視察の機会。その他、他大学の学生との交流機会の提供、郷土愛の涵養、コミュニティの重要な行事への参加、学期内外におけるコミュニティについての調査研究への従事など持続的なコミュニティ開発スキルの習得などを促進する活動が期待されている（EEF 2021b）。

　この他、地域開発に資する教員の養成（クルタヤート）、教員養成に特化したものではないが卒業生を故郷に帰す（バンティット・クーン・ティン）プロジェクトなどがある。次項では、上述した国立学校への教員供給を目的とした教員養成ではなく、国家警察庁管轄下の国境警備隊学校の教員の供給、教員養成について紹介する。

(3) 国境警備隊学校の教員養成

　国境警備隊（Border Patrol Police）は、米国のCIA（Central Intelligence Agency：中央情報局）の支援を得て1951年に設置された準軍事組織である。同国境警備隊の学校（Border Patrol Police School）は、冷戦時代に設置されたものであり、国家開発、国民統合（国民形成のための教育）といったねらいを有していた（森下 2021）。『国境警備隊学校40周年記念誌』によれば国境警備隊学校の前身は「山地民・遠隔地の人々のための学校」であった。その後、1956年1月7日にタイ最北県チェンラーイのチェンコン郡ドーンマハーワン村において、最初の国境警備隊学校が開校したとされる（BPP 1996）。本章の冒頭で紹介したように、国境警備隊学校は、全国に220校（初等学校218校、前期中等学校2校）設置されており、2020年時点で26,577名の児童・生徒が就学しており、2,282名の教員が勤務している（OEC 2021）。

　同記念誌によれば、国境警備隊員は教員としての訓練を受けていなかった。そのため、1957年、教育省の支援により、初めての研修が実施された。40名が参加し、衛生、工芸、農業などについての知識を深めたとされる（BPP 1996）。この他、大学、カレッジの教員を指導者として招いた研修会を開催したり、教員審議会の夏期研修には毎年150名が参加していたりしたとされる（BPP 1996）。衛生、工芸、農業といった研修の内容に示されるように、国境警備隊学校の教員に期待される役割は、一般の学校教員に期待されるような教科指導ではなく、複数の少数民族の子どもたちとコミュニケーションをとり、医者、保安官、農業指導員、そして子どもを取り上げる助産師と多岐にわたっている（Ball 2013）。

　国境警備隊学校の教員採用・配置は、国家警察庁のもとで行われており、国境警備隊学校の卒業生で、性別を問わず、高校3年次を修了している者あるいは下級職業教育課程を修了している者あるいはそれと同等の者を、国境警備隊学校の教員として採用・配置するものである。1998年から2002年の第一期（5年間、80名／年）の計400名の採用・配置を皮切りに、第二期（2007〜2011年）、第三期（2013〜2017年）も同様に計400名の採用・配置が行われた。第四期（2018〜2020年）は3年間で計240名、2021〜2022年は計200名の採用配置が行われ、総計1,640名が採用・配置された（BPP n.d.）。

　教員の選考は、筆記試験、口述試験、教員適性検査、出身地の学校教員などからの推薦状の総合判定により行われている。選考に合格した後は、警察官としての3か月間の研修、教員としての6か月間の研修を受講する。教員研修はラーチャパット大学などの支援を受けて行われる（BPP n.d.）。

おわりに

　本章では、タイにおけるいくつかのプロジェクト型教員養成について紹介してきた。本書のテーマ「教職ルートの多様化」という点では、本章の前半で紹介したようにタイにおける主たる教職ルートは大学での教員養成課程を経るものである。へき地、国境地帯の国立学校の教員を養成するプロジェクト型の教員養成も大学で行われているが、そのなかで例外的に、最後に取り上げた国境警備隊学校の教員の採用・配置は、大学における教員養成といった

メインルートを通過しないものとして存在している。今後、こうした例外的なルートが拡張することは考えにくいが、多様性や包摂が掲げられ、格差是正がめざされる今日、プロジェクト型教員養成は一定のニーズのもと存続するであろう。

付記

　本章は、牧（2012）他、既出の論文等を再構成、加筆修正を施したものである。

引用・参考文献

・アジア経済研究所編（2021）『アジア動向年報2021』アジア経済研究所。
・石井米雄・吉川利治（1987）『日タイ交流六〇〇年史』講談社。
・大泉啓一郎（2017）「『タイランド4.0』とは何か（後編）——EEC（東部経済回廊）開発とその課題—」『環太平洋ビジネス情報RIM』Vol.17 No.67、99-115頁。
・大泉啓一郎（2023）「人口動態が語るタイ経済社会の現在位置と未来（2）～人口ボーナスと経済成長～」日本タイ協会編刊『タイ国情報』第57巻第3号、49-59頁。
・外務省（2022）『海外在留邦人数調査統計　令和4年（2022年）10月1日現在』。
（https://www.mofa.go.jp/mofaj/files/100436737.pdf　2023年7月21日最終アクセス）
・在タイ日本国大使館（2022）「日タイ修好135周年」。
（https://www.th.emb-japan.go.jp/itpr_ja/jp-th135.html　2023年7月21日最終アクセス）
・新原卓（2018）「タイの教育制度概観と新大学入試制度」、日本学術振興会海外学術動向ポータルサイト。（http://www-overseas-news.jsps.go.jp/wp/wp-content/uploads/2019/04/2018kenshu_13bkk_niihara.pdf　2019年12月24日最終アクセス）
・牧貴愛（2012）『タイの教師教育改革—現職者のエンパワメント—』広島大学出版会。
・牧貴愛（2014）「タイにおける教育専門職免許制度の特質」別府大学『別府大学紀要』第55号、151-166頁。
・牧貴愛（2017）「第6章　タイの大学入試における格差是正措置」小川佳万編『アジアの大学入試における格差是正措置（高等教育研究叢書135）』広島大学高等教育研究開発センター、69-82頁。
・牧貴愛（2018）「第2章　タイの教師教育改革—混迷する政局下の革新的な取り組み」興津妙子・川口純編著『教員政策と国際協力—未来を拓く教育をすべての子どもに—』明石書店、69-87頁。
・牧貴愛（2020）「タイにおける「研究に基礎を置く」教員養成の制度的基盤：実践研究を中心に」『広島大学大学院人間社会科学研究科紀要「教育学研究」』第1号、246-255頁。
・牧貴愛（2021a）「第2章　タイ—伝統と革新の調和をめざす王国—」牧貴愛編著（大塚豊監修）『アジア教育情報シリーズ2巻　東南アジア編』一藝社、29-43頁。
・牧貴愛（2021b）「タイにおける私立高等教育に対する国家関与—高等教育関係法規の分

析—」『大学教育論叢』第 7 号、55-68 頁。

・牧貴愛・下田旭美（2021）「タイにおけるへき地教員養成の展開—「公正な教育のための基金」による事業を中心に—」『広島大学大学院人間社会科学研究科紀要 . 教育学研究』第 2 巻、277-283 頁。

・村田翼夫（1987）「第三節　アセアン諸国における教員の養成と研修」日本教育経営学会編『教育経営の国際的動向』ぎょうせい、379-396 頁。

・村田翼夫（2007）『タイの教育発展—国民統合・文化・教育協力—』東信堂。

・森下稔（2021）「タイにおける国境警備隊学校の歴史的な意義に関する考察」日本比較教育学会第 57 回大会発表資料。

・森下稔（2023）「第 5 章　タイにおける学校にいけない子どもたち（OOSCY）」乾美紀編著『ASEAN 諸国の学校に行けない子どもたち（OOSCY）』東信堂、143-166 頁。

・Ball, D. (2013), *Tor Chor Dor: Thailand's Border Patrol Police (BPP)*, White Lotus Press.

・Kosnik, C., Beck, C. and Goodwin, A. L. (2016), "Reform efforts in teacher education." in Loughran, J., and Hamilton, M. L. (Eds.),
International Handbook of Teacher Education: Volume 1, pp.267-308.

・Maki, T. (2022), *State Involvement in Teacher Education in Thailand: A Japanese Thai education researcher's perspective*. The 14th International Conference on Thai Studies, ASAFAS and CSEAS, Kyoto University, and Japan Society for Thai Studies, online.

・OEC (Office of the Education Council) (2019), *Education in Thailand 2018*, Prigwhan Graphic Co., Ltd.

【タイ語文献】

・BPP (Border Patrol Police) (1996), *Sisippi rongrian To. Cho. Do.*（国境警備隊学校の 40 年）

・BPP (Border Patrol Police) (n.d.), Khrongkan chatha bukalakon puea thamnathi khru rongriangtamruattrawenchaidaeng.（国境警備隊学校の教員採用計画）

・EEF (Equitable Education Fund) (2020), Ekasannenam khrongkan khru rak(sa)thin pikansueksa 2563. (accessed on 20 May, 2022.（EEF リーフレット（2020）「地元を愛し、地元を守る教員事業　仏暦 2563（西暦 2020 年）リーフレット」）

・EEF (Equitable Education Fund) (2021a), Prakat konthun phuea khwamsamoephak thang kansueksa rueng raichue sathabankansueksa thi dairap khatlueak haipen sathaban phrarit lae pathana khru tam khrongkan khru rak(sa) thin pikansueksa 2565.（EEF 選考結果通知〈2021〉「公正な教育のための基金告示　2022 年度　地元を愛し、地元を守る教員事業にかかる教員養成機関の選考結果」）

・EEF (Equitable Education Fund) (2021b), Prakat konthun phuea khwamsamoephak thang kansueksa rueng poetrap khrongkan khru rak(sa)thin pikansueksa 2565.（EEF 公募文書〈2021〉「公正な教育のための基金告示　仏暦 2565〈西暦 2022〉年度　地元を愛し、地元を守る教員事業の公募」）

・OEC (Office of the Education Council) (2021), *Sathiti kansueksa khong prathet thai pi kansueksa 2563*, Prigwhan Graphic Co., Ltd.（タイ教育統計 2020 年版）

- OBEC (Office of the Basic Education Commission) (2023), Kansop Khengkan tamneng khuruphuchuai samnakngan khanakamakankansueksakhanphunthan Pi 2566.（基礎教育局助教諭採用試験）
- Phonsima, Direk lae Khana (1998), *Rainganwichai phrakopkanrang phrarachabanyat kansueksa haengchati, Pho. So……pradaen kanphatana wichachip khru*, Samnakngan khanakamakan kanseksa haengchati.（ディレイ・ポンシマー他『国家教育法の起草に関わる研究—教員の専門職的発達—』）
- TCT (Teachers' Council of Thailand) (2021), Prakat khana anukamakan amunuaikanthotsop phuea khorap bai anuyat prakop wichachipkhru rueang lakken withikan lae khrueangmue thotsop lae pramoeng samathana thang wichachipkhru dan kanpatibatingan kae kanpatibatiton tammatrathan wichachipkhru Pho. So. 2564.（教員免許試験運営小委員会告示 教員専門職基準に基づく職務遂行・倫理面の試験・コンピテンシー評価の原則・方法・ツール）
- TCT (Teachers' Council of Thailand) (2022), Sarupsarasamkhan khobangkap khurusapha waduai baianuyatprakopwichachip Pho. So. 2565.（タイ教員審議会専門職免許状に関する規則の要点）
- TEPSC (Teacher Civil Service and Educational Personnel Sub Commission) (2023), Prakat Oo. Ko. Kho. So. Khetphunthikansueksa prathomsueksa khet 1 rueang raichuphumisithikhaosop phak ko lae phak kho nai kansop khaengkhan phuea banchu lae tengtang bukkhon khaoraprachakanpen kharachakankhru lae bukhalakonthangkansueksa tamnaengkhruphuchuai samnakngankhanakamakan kansueksa khanphunthan pi Pho. So. 2566（ウドンターニー県教育地区初等教育第1地区人事院小委員会告示 助教諭採用試験受験者名簿）

第7章

中国の農村地域における教員不足の現状と多様な教職ルートの構築
―主流の教職ルートを支える集権的な教員養成・配置の諸政策に着目する―

張 揚

はじめに

　2021 年、中国における小中高校の教職員数は合計 1,493 万人で、そのうち、専任教員 1,345 万人である[1]。小中高校教員は 2000 年の 1,000 万人から現在までに増えつつ、2004～2015 年の間では毎年約 30 万人、2016 年以降毎年 40 万人以上の教員が新規採用されている[2]。世界屈指の膨大な教員需要を満たす教員養成・採用システムはいったいどのように構築され、いかなる特徴があるか。また、中国における教員不足の問題とそれの解決策をどのように理解すれば良いか。こうした問いを明らかにするために、本章では中国における教職ルートの構造とその背景を整理したうえで、農村地域に焦点を絞り、そこでの教員不足の現状と意味を分析し、さらに、教員不足の解決策として導入された集権的な教員配置政策について考察する。

1．教員の身分と社会地位

　長年にわたって、中国における教員の養成と採用・配置システムは改革され、教員の身分も変わりつつある。近年、中国では公務員制度と公共事業単位[3]改革が実施され、教員の身分も法律によって定められた。2018 年、中国共産党中央委員会と国務院は「新時代教師集団づくり改革の全面深化に関する意見」を公布し、事業単位として位置づけられる公立小中高校の教職員が国家公職人員（準公務員）であることをはじめて明記した。但し、こうした国家公職人員は教職員集団の主体である正規教職員（中国語原語：「編制内教師」通称「在編教師」）を指す。また、『中華人民共和国教師法』（2009 年改正）第

1) 中華人民共和国教育部（2022）「2021 教育統計データ」
   （http://www.moe.gov.cn/jyb_sjzl/moe_560/2021/quanguo/202301/t20230104_1038068.html　2023 年 9 月 25 日最終アクセス）。統計データでは公立学校と私立学校を含む。
2) 中華人民共和国教育部発展計画司編『中国教育統計年鑑』（2004～2021 年）中国統計出版社に基づき筆者算出。
3) 2014 年、中央政府は「事業単位登録管理暫定条例の実施細則」を公布し、公共事業単位を「公益のために国家が税金を投じてつくる社会公共機関、または国家機関が国家資産を活かして設ける公益機関である」と定めた。こうした機関は主に教育、科学技術、文化、衛生、社会保障などの活動に従事する。

17 条は「学校および他の教育機関は教員招へい制度を実施し、教員と学校の双方平等に基づき、雇用契約（中国語原語：「聘任合同」）を結ぶ」と規定している。従って、正規教職員は地方政府の人事組織部門および教育行政部門と雇用関係を有し、国家公職人員であると同時に、学校側と「雇用契約」をしなければならない。

　一方で、公立学校においては非正規教員も勤務している。都市部の学校での非正規教員は主に長期休暇を取得している正規教員の替わりに臨時的に雇用され、農村部の学校での非正規教員は上記の理由以外に、そもそも必要である正規教員が配置されていないことによって長年にわたって雇用されている。こうした非正規教員は学校側と労働契約（中国語原語：「労働（或いは務）合同」）を結び、「編制外教師」と呼ばれる。雇用条件は教員免許を持っていることで、雇用形式は任期付きの契約教員、派遣教員、非常勤教員など多様で、給与待遇と社会地位は正規教員より低く、専門的な支援と安定的な職位が保障されていない。教育部が公開した教育統計によれば、2021 年全国の公立小学校における正規教員は約 501 万人で、非正規教員は約 54 万人である[4]。

　中国における教員の社会地位については、2010 年の小中高校教員に関する職業地位調査[5]によれば、他の職業と比べて教員の職業地位が全体的に高いことが示された。同調査は教員の職業地位を道徳地位、能力地位と貢献度に細分化して調査し、被調査者たちは教員の能力に対する評価が一番高い。また、2019 年の小中高校教員職業地位調査[6]によれば、教員の全体的な職業地位が 2010 年よりさらに高く評価されたことが明らかである。2010 年の調査項目の分類と同じ、同調査は教員の職業地位を道徳地位、能力地位と貢献度に分けて調べたところ、被調査者たちがすべての項目に対して非常に高く評価した。

4)　中華人民共和国教育部（2022）「2021 教育統計データ：小学校教職員数」
　　（http://www.moe.gov.cn/jyb_sjzl/moe_560/2021/quanguo/202301/t20230103_1037875.
　　html　2023 年 9 月 25 日最終アクセス）
5)　董新良（2011）「中小学教師職業地位調査研究」『教師教育研究』第 23 巻、第 6 期、
　　56-61 頁。
6)　陳富・楊暁麗・寧志恆・董新良（2020）「中小学教師職業地位縦向研究—2010 年と
　　2019 年調査に基づく実証分析—」『上海教育科研』第 10 期、54 頁。

　なお、1990〜2018 年における小学校教員と中・高等学校教員の平均給与が他の職業と比べれば、1990 年、12 職業のなかで小学校教員と中・高等学校教員の平均年収がそれぞれ第 10 位と第 9 位であったが、2010 年、19 職業のなかで小学校教員と中・高等学校教員の平均年収がそれぞれ第 12 位と第 10 位であった[7]、2017 年と 2018 年、19 職業のなかで小学校教員と中・高等学校教員の平均年収がともに第 7 位であった[8]。30 年間にわたって、小学校教員と中・高等学校教員それぞれの年間実質所得が 5.9 倍と 6.2 倍増になった[9]。しかし、教員の平均収入は依然として同一地域の公務員の平均収入より低い[10]。

　総じて、中国においては教員の社会地位が高く評価され、とりわけ都市部を中心に教員が非常に人気の高い職業であると考えられる。2021 年、全国において 550 万人以上は小中高校教員採用試験に参加し、78.9 万人が採用され、競争率は約 7 倍であった。特に、都市部[11]と県鎮部[12]を中心に学校教員の競争率は非常に高い。2022 年、深せん市においては 817 名の小中高校教員が募集され、23,601 人が採用試験に参加し、合格率わずか 3.5％であった[13]。

2．教職ルートの構造：教員養成・採用・配置・昇進システム

(1) 閉鎖制から開放制への教員養成システムの構築

　1949 年には中華人民共和国が成立し、教育制度の根本的な改革が行われ

---

7) 姜金秋・杜育紅 (2013)「我国中小学教師工資水準分析 (1990〜2010 年)」『上海教育科研』第 5 期、11 頁。
8) 陳富・楊暁麗・寧志恆・董新良 (2020)「中小学教師職業地位縦向研究—2010 年と 2019 年調査に基づく実証分析—」『上海教育科研』第 10 期、54 頁。
9) 前掲姜金秋・杜育紅 (2013) 11 頁。小学校教員と中・高等学校教員の平均年収の名目所得が 16 倍増になった。
10) 柳海民・紅軍 (2020)「新時代教師研究热点：“德”“誉”相济，“酬”“労”并重」『華南師範大学学報 (社会科学版)』第 6 期、75-77 頁。
11) 北京市、上海市、天津市、重慶市の直轄市と省庁所在地などである大中都市を指す。
12) 県政府所在地の市街地域を指す。
13) 中国新聞週刊 (2021)「教師職、高学歴がなければ成れない」
(https://k.sina.cn/article_5617046716_14ecd54bc00100ze8r.html　2023 年 9 月 29 日最終アクセス)

た。その当時最も深刻な問題は教員不足であった。大量の教員を養成するために、師範大学・学院は主として高等学校教員を、師範高等専科学校（短期大学レベルに相当する）は中等学校教員を、中等教育レベルの師範学校は小学校教員を目的的に養成するという3段階の師範系学校システムが作られた。1986年には「中華人民共和国義務教育法」が採択され、9年制義務教育の実施に伴う中学校の増設に応じ、師範高等専科学校の数が増設され、3段階の「閉鎖制・目的制」の教員養成制度が強化された。当該大学などの学生は授業料が全額免除され、「人民助学金」ももらえるために、教員養成の計画的な拡充が進められてきた。

　1993年、「教師法」が制定された。そこでは、「教師は教育・授業の職責を履行する専門職員」で、「国家は教員免許制度（中国語原語：「教師資格制度」）を施行する」と記され、教員養成の専門機関出身以外の者も「教師資格証書」を取得すれば、教職に就けるようになった。こうして、目的制教員養成に加えて一般大学を卒業し、教職を希望する若者に教員資格を与えるルートが制度化され、教員の量的確保が進められた。現在、中国においては師範高等専科学校と師範大学・学院以外に多くの一般大学も教員養成系専攻を設置し教員養成を行い、表7.1は2016～2021年における教員養成系の卒業生数を示している。実際に、教員養成系の卒業生数は毎年の小中高校の新規採用教員数より大幅に上回っていることが明らかである。

表7.1　中国における教員養成系卒業生数（単位：万人）

	2016年	2017年	2018年	2019年	2020年	2021年
4年制大学	36.95	38.96	37.31	38.71	42.36	42.67
短期大学レベル	21.52	22.85	24.54	27.71	29.81	―
合　計	58.47	61.81	61.85	66.42	72.17	―

（注）―：当該データが公表されていない。中華人民共和国教育部発展計画司編『中国教育統計年鑑』
　　　（2016～2021年）中国統計出版社より筆者作成。

　しかし、こうした状況のなかで多様な高等教育機関における教員養成の質を如何に保障するかが新たな課題となった。そこで、政府は3つの方法を採った。一つめは、全国レベルの教員養成教育課程専門基準を設けることで

ある。二つめは、国は「教師資格証書」の認定条件と手続きをより一層厳格化し、2015 年より中国の 28 省において専攻を問わずに、教師資格国家統一試験（筆記試験に合格するうえで、模擬授業を含む面接試験を受けるという 2 段階試験である）を実施しはじめた。2015〜2020 年、教員養成系専攻の学生を含める全受験生の筆記試験の平均合格率は約 30％で、面接試験の平均合格率は 69％である。三つめは、教育部は教員養成系専攻の認定基準を定め、2019 年より専攻認定（有効期間 6 年）を実施しはじめた。教員養成系専攻として認定された専攻の卒業生は大学が行う認定試験などに合格すれば、「教育実践能力合格証明書」を取得できる。それを以て国家統一試験に合格するとみなす。一方で、教員養成系専攻に認定されていない専攻の卒業生は依然として国家統一試験に参加しなければならない。この 2 つのルートによって合格した全員は所定書類を所属地域の教育委員会に認定申請を行い、「教師資格証書」を取得できる。

(2) 正規教員の採用・配置・昇進システム

　1949 年から 1980 年代までには、すべての教員養成系専攻の学生は授業料が全額免除され、且つ「人民助学金」という無償の奨学金が支給された替わりに、卒業後の就職先は国家の統一配分によって決められた。1990 年代以降、高等教育への規制が緩和され、少数の優れている卒業生に教育関係の仕事なら職場を選べる自由が与えられた。2000 年以降、すでに他の専攻で施行されている授業料徴収制度は教員養成系専攻の学生にも適用し、国家による教員養成系卒業生の職場配分制度が終焉を迎えてきた。

　現在、中国の教員採用と配置は原則に自由競争と公開選抜に基づいて行われている。また、いったん学校に配置された教員本人が希望して他校の採用に応募しない限り、定年までに同じ学校に勤める（短期間の人事交流を除き）のは普通である。以下、正規教員の採用と配置の仕組みを説明する。

　2003 年、教育部は「小中高校教員人事制度改革の深化に関する実施意見」（以下、「教員人事意見」と略す）を公布し、「小中高校教職員の招へい任用制度を全面的に推進し、公立小中高校が実際の需要に応じて職を置き、公開招へいと公正的な競争を経て優秀な者を採用すること」を定めた。「教員人事意

見」によれば、教員志望者は正規教員になるために、「教師資格証書」を取得したうえで、地方教育行政部門が主催する教員採用試験（中国語原語：「教師編制考試」）を受けて合格しなければならない。だが、教員採用試験の合格と教員が実際にどの学校へ配置されるかは地域によって異なる方法が採られている。ここでは2つの典型的な教員採用・配置の方法を紹介する。

　一つめは、教員志願者が勤務希望校を決めたうえで教員採用試験を受け、合格すれば採用・配置されることである。つまり、志願者は先に勤務希望校と担当教科を決め、それから希望校の教員採用を総括する地方教育行政部門が主催する採用試験を受ける。地方教育行政当該希望校の募集計画と志願者数に応じて、選考成績の上位から順次採用・配置する。配置する際に、当該学校長は教員候補者と雇用契約を結ぶ。二つめは、教員志願者が先に勤務したい区または県を決めたうえで受験し、合格すれば採用・配置されることである。志願者が勤務希望地域の教員募集計画を確認し、そして、当該地域の教員採用試験に参加し、合格すれば同地方教育行政の基準と教員募集を行う学校長の判断に基づいて学校に配置される。その際に、当該学校長は教員候補者と雇用契約を結ぶ。なお、教員配置の公平性と正当性が考慮され、多くの教員募集要項では「選考成績の順位に応じて、上位者に順次勤務校を選択させる」ことが明記されている。

　一方で、小中高校における正規教員の配置人数は主に省政府が中央政府から出された「教員編制基準」[14]と地域の教育状況に基づいて設けた教員配置の基準に定められている。1980年代から今までに中央政府は3つの「教員編制基準」を出した。2014年までの基準は小中高校の所在地を都市部、県鎮部、農村部に分けて定め、都市部の学校が多めに教員配置された。例えば、2001年の「教員編制基準」によれば、都市部の小学校の教職員1人当たりの児童数は19人に対して、県鎮部は21人、農村部は23人であった。中学校と高校も同様に、農村学校の教職員1人当たりの生徒数はいずれも県鎮部と都市部より多く、教員の負担が大きかった。

---

14) 教員編制基準は公立小中高校に勤めているすべての正規教職員（教員、事務職員、教育補助員、学校内の用務や警備などを担当する労働勤務員を含む）の配置基準である。

　2014 年、中央編制弁・教育部・財政部は「都市と農村における小中高校教職員の編制基準の統一に関する通知」を公布し、都市部を優遇する「教職員編制基準」を是正した。同通知によれば、従来学校の所在地に基づいて設けた基準を一律に都市部のレベルに引き上げられ、すべての公立小中高校での教職員 1 人当たりの児童生徒数がそれぞれ 19 人、13.5 人、12.5 人と定められている。それに、農村地域の教員不足を解決するため、はじめて農村部やへき地などへの教員配置を優遇することが明記された。

　なお、教員の昇進に関して、中国では職階制が施行されている。1986 年 5 月の「小学校教師職位試行条例」と「中学校高校教師職位試行条例」により、小中高校教員は職階制が適用され、各職位には明確な職責、資格要件と審査・評価に関する規定が設けられた。2015 年国家人力資源社会保障部と教育部は「小中高校教員職位制度改革の深化に関する指導意見」を公布し、「小中高校教員が教員評価基準に沿って総合評価を受け、三級教員から二級教員、一級教員、高級教員、正高級教員へと昇進できる」と決めた。一方で、教員給与に関しては業績給与制度が適用され、同制度は従来の基本給与（70％）に勤務状況や貢献度を評価する業績給与（30％）が加えられている。

3．農村地域における教員の量的不足

　中国では、都市と農村の経済格差によってそもそも農村学校における勤務・生活環境が厳しい。また、既述のように教職員の配置数が児童・生徒数によって算出され、児童・生徒数の減少にともない、教員定数が削減される。一方で、中国においてすべての学校は原則に教科担任制であるために、実際に農村地域の小規模学校の配置教員数は開講すべき教科の担当教員数より少ない。結局、教員 1 人が複数の教科を担当すると同時に、管理職がやるべきことも分担せざるを得ない。これは教員の多忙化と疲弊を招きがち、若者たちの農村学校への勤務意欲をさらに下げる。

　東北師範大学農村教育研究所が発表した「中国農村教育発展報告（2013～2014 年）」によれば、2010 年現在、80.2％の教員養成系の大学生は卒業後教職を希望するが、農村地域での就職希望者は 38％のみであった。たとえ初任校は農村学校にしても、着任後約 56.9％の教員が都市部の学校へと転任し、農

村学校に残された教員のうち、約36.7%の者は現在の学校から離れたいと考えていると報告された。同報告は「教員の転任事例を分析すると、すべての転任のうち67.3%の教員はより町に近くて立地の良い学校へと転出し、転出者のほとんどはベテラン教員、職位の高い教員と優秀教員であった」と指摘した。

(1) 農村地域における教員の量的不足の形成要因と意味

　上記のような農村学校への教員補充困難と農村学校から優秀教員の大量流出が農村地域における教員不足を深刻化させている。こうした状況を生み出す制度的な要因は以下の通りである。

　第1に、県ごとの学校教育格差の拡大である。従来、高度な中央集権とトップダウンの教育行政体制のもとで、学校が教育行政の最下部に位置付けられていた。1990年代、教育管理体制の規制緩和による地方責任・分級管理制が実施され、県政府は学校管理の主体と教育経費の主な負担者になった。一方で、中国においては、地域と各県では経済的な格差が大きく、県ごとの「経済格差⇒教育経費の格差⇒学校教育の格差」という現象が生じやすくなる。

　第2に、校長は裁量権を用いて優秀な教員を集めることができることによって、都市学校が積極的に優秀な教員を誘致することである。1985年、中央政府は「教育体制改革に関する中国共産党中央委員会の決定」を公布し、経営合理化に基づき、学校では校長責任制を実施すると明記した。校長責任制が実施され30年以上を経て、それは全国における学校管理体制の基本となり、校長は法律上学校法人代表として、教員を招へい・賞罰する人事権などを含めて学校管理の一切の重大問題を決定する権利を持っている。こうして、校長は教員配置の基準に基づいて教員募集計画を作成し、優秀な教員を他の学校から引っ張ってくることができる。

　第3に、教員招へい制のもとで、教員が学校と自由に任用契約を結べるために、教員人材の流動性を高めることである。2000年代以降、教員招へい制度を用いて、学校は教職員と任用契約を結び、契約期間を定める。教員は他の学校へ移動したい場合では、勤務希望校と合意するうえで、当該学校長と自由に任用契約を結べるために、質の高い教員の流動性が高くなる。

こうして、中国においては貧困地域とへき地をはじめとする農村地域では校長裁量のもとで非正規教員を採用してその場を凌ぐ方法がある一方で、安定で質の高い教員が足りない問題がますます深刻化している。

(2) 都市部と農村部における教員格差の実態

第2節で述べたように、2014年以前中国では都市部、県鎮部、農村部の学校における教員配置の基準が異なり、都市部の学校が優遇され、多めに教員が配置されてきた。このように、都市学校と農村学校における教員の量的格差が自明である一方で、教員の資質をめぐる都市と農村の格差も実際に深刻である。

表7.2に示されたように、2010年現在都市部の小学校教員は約95万人で、農村部の小学校教員は約319万人であった。教員の学歴を高校卒業およびその以下、短期大学卒業レベル、4年制大学卒業以上に分けて分析すると、9割以上の都市部の小学校教員は短期大学卒業レベルまたはそれ以上の学歴を有する一方で、農村部の小学校教員は短期大学卒業レベルまたはそれ以下の学歴しかもっていないのがほとんどであった。同年、都市部と農村部の中学校教員はそれぞれ71万人と127万人で、都市部の中学校教員の8割以上が大学卒業以上の学歴を持っていたものの、農村部の中学校教員のうち大学卒業者は半数しかなかった。小学校にせよ中学校にせよ学歴の高い教員は都市部に集めていたことに対して、学歴の低い教員がほとんど農村部に集中していた。

表7.2　中国における小中学校教員の学歴状況：都市部と農村部の比較（2010年　単位：万人）

		高校卒業およびその以下	短期大学卒業レベル	4年制大学卒業以上	合　計
小学校	都市部	7 (7.5%)	41 (43.8%)	46 (48.7%)	95 (100%)
	農村部	92 (28.9%)	178 (55.9%)	49 (15.2%)	319 (100%)
中学校	都市部	0.3 (0.4%)	12 (16.9%)	58 (82.7%)	71 (100%)
	農村部	2 (2%)	55 (43.2%)	69 (54.8%)	127 (100%)

(注) 中華人民共和国教育部発展計画司編『中国教育統計年鑑』(2010年) 中国統計出版社より筆者作成

それに、中国において教員の職位は教員の資質能力を表す重要な指標であ

る。2010年現在の都市と農村での教員職位を分析すると、都市小学校におい
て高級以上の職位を持つ者は約55万人（58%）で、農村小学校では約160万
人（50.2%）であったが、都市中学校において高級以上の職位を持つ者は約16
万人（22%）で、農村中学校では約11万人（8.9%）であった。つまり、都市と
農村の小学校における教員職位の差異が僅少であったものの、職位の高い中
学校教員は明らかに都市学校に集中し、都市と農村の中学校における教員の
質的格差が一目瞭然である。

4．農村地域における教員不足をめぐる多様な教職ルートの構築

　開放制教員養成システムに自由競争と公開選抜に基づく教員採用制度は都
市学校における資質の高い教員の充足を保障しているものの、農村学校にお
ける質の高い教員の確保には無能無策である。こうしたなかで、政府は貧困
地をはじめとする農村地域の学校に対してさまざまな支援政策を打ち出して
きた。例えば、中西部の農村学校の教員を対象に初任者と中堅教員のニーズ
に応じた国家教員研修プログラム（オンラインと対面）の開設や一部の地域
において小規模な校長・教員短期交流政策の実施などである。

　本節ではとりわけ教員不足の解消に向けて全国的に実施している諸政策を
まとめたうえで、質の高い教員が長く農村学校に勤めることを可能にする特
別配置教師政策と国家・地方師範生公費教育政策を中心に説明する。

(1) 集権的な教員養成・配置の諸政策

　第1に、質の高い教員に農村や貧困地などの学校で長期的に勤務させるこ
とにつながる諸政策である。具体的には以下の6つの政策である。

　①政府指定の大学は「農村学校教育修士教員養成計画」に基づき、教育修
士課程へ進学する学生を募集し、優秀な大学卒業生が所属大学に推薦され、
特別選抜に合格し、大学院生になることである。こうした大学院生は授業料
が全額免除される一方で、必ず指定の農村学校で3年間勤務（正規教員と同
額の給与が支給される）しながら大学院の授業を受け、4年目より学校現場
から離れて大学で学び、修士論文を完成し、「教育修士」という専門職学位を
取得する。2004年、教育部ははじめて「農村高校教育修士教員養成に関する

通知」を公布し、以降、本政策は高校教員の養成から小中学校教員の養成へ拡大し、農村学校に修士レベルの教員を育てている。なお、当計画に参加する大学卒業生は同時に下記の特別配置教師計画に応募できる。

　②中央政府は大学卒業生を募集し、特別配置教師（中国語原語：「特崗教師」）として農村学校へ派遣し、3 年間勤務してもらうことである。2006 年、教育部、財政部、人事部などは中西部地域の貧困地と農村の学校における教員不足を解決し、教員の質的向上を促すために、「農村義務教育学校の特別配置教師計画の実施に関する通知」を公布し、大学卒業生を募集しはじめた。

　③政府は大学卒業生を募集し、農村地域で教育、農業、医療と貧困者支援のいずれかの活動を 2〜3 年間に従事してもらうことである。2006 年、国家人力資源社会保障部と教育部などはより多くの大学卒業生を農村と貧困地域に勤めてもらうよう「大学卒業生の農村地域における教育、農業、医療と貧困者支援活動の参加通知」（中国語原語：「三支一扶」）を出した。同政策の参加者は勤務期間を終え、各省政府の公務員特別採用計画に参加できる。

　④教育部所管の 6 つの師範大学において無償師範生政策（中国語原語：「免費師範生制度」）が実施されることである。2007 年、教育部などは「教育部所管師範大学における無償師範教育実施要項」を公布し、無償師範生になる学生の授業料などが全額免除され、生活補助金も支給され、卒業後教員採用試験を受けずに、中西部の経済未発達地域と農村の正規教員になることを定めた。2018 年、同政策は教育部直属師範大学における師範生公費教育に改められ、地方の師範生公費教育政策と一緒に実施されている。

　⑤地方師範生公費教育政策である。2012 年に教育部などから出された「師範生無償教育の改善と推進に関する意見」をきっかけに、地方公立大学は無償師範生を募集しはじめ、農村学校に多くの質の高い教員を養成し、師範生を農村学校で長く勤務させることを図った。2018 年以降、既述の師範生公費教育への改革にともない、各省政府は地方師範生公費教育と名称統一した。

　⑥教育部所管の 6 つの師範大学と地方公立師範大学は中央政府に指定された貧困を脱した 832 県（中国語原語：「脱貧県」）および中西部の辺境県に優秀な教員を養成し補充することである。2021 年、教育部などは「中西部発達途上地域優秀教員養成計画に関する通知」を公布し、既述の師範大学が毎年

1万人の高校新卒者を募集し、質の高い教員養成を行うと決めた。同計画の合格者たちは授業料、宿舎料が全額免除され、生活補助金も支給され、卒業後正規教員の身分が保障される。但し、当該者は大学に入学する前に、師範大学と出身省の教育行政部門などと契約を結び、卒業後必ず指定の貧困を脱した県の小中高校で6年間以上勤務しなければならない。

第2に、政府は都市学校に勤務している（た）質の高い教員を期限付きで農村や貧困地などへ派遣し、農村学校の深刻な教員不足の状況を一時的に緩和すると同時に現地教員の資質向上を促す諸政策である。

①都市学校の教員が農村学校へ派遣され、一定期間にわたって農村地域で教育支援してもらうことである。2006年、教育部は「都市学校教員の農村教育支援に関する通知」を公布し、都市学校の中堅教員を1年以上農村学校へ派遣し、農村地域で教育支援を行わせることを掲げた。派遣された教員は、元勤務校に戻ったら、昇進および昇給で優遇される。

②辺境貧困地区、辺境少数民族地区、元革命地区（中国語原語：「3区」）への教員支援政策である。2012年、教育部などは「辺境貧困地区、辺境少数民族地区、元革命地区への人材支援の教員特別計画実施案」を打ち出し、翌年より毎年都市部の先進校から約3万人の優秀な幼稚園、小中高校と中等職業学校の教員を選抜し、上記の地区にある農村学校で1年間以上勤務させると決めた。派遣教員の給与・待遇は元勤務校のままである。さらに、年間2万元の手当が支給され、派遣期間終了後昇進や大学院入試などで優遇される。他方で、受け入れ地域は毎年計3,000人の教員に都市学校へ研修を受けさせる。

③チベット自治区と新疆ウイグル自治区への教員支援政策である。2017年、教育部などは「チベット自治区と新疆ウイグル自治区へ教員万人による教育支援に関する計画実施案」を公布し、経済発展が遅れているチベットと新疆ウイグルの教員不足と教員の資質低い問題を解決しようとした。東部沿海都市をはじめに経済発達地域は優秀な教員を選抜し、チベットと新疆ウイグルの学校に派遣し、現地の小中高校で1年間以上の教育支援を行ってもらう。派遣教員の給与・待遇は元勤務校のままで、さらに貧困・へき地勤務手当が支給され、派遣を終えた後昇進などで優遇される。同時に、受け入れ地域の一部の教員は都市学校で研修を受ける機会がある。

④定年退職した校長、教育研究員（教育委員会に所属して教員に対して助言・指導する）、特級教員、優秀教員を公募し、生活条件の悪い貧困地域の農村小中学校に派遣する政策である。2018 年、教育部と財政部は「銀齢講学計画実施方案」を打ち出し、同年より 65 歳以下の職位高級以上である退職教員を公募し、農村学校へと派遣しはじめた。2024 年 1 月までに計 2 万人の教員が派遣され、こうした派遣教員はメンター教員（中国語原語：「講学教師」）として農村学校のニーズに応じて授業を担当し、または若手教員の授業づくりを指導する。派遣期間は原則に 1 年以上で、その間、派遣教員は年金の受給にプラス年間 2 万元の勤務手当を受け取れる。

(2) 特別配置教師政策の実施状況

　上述のような農村地域と貧困地域への教員補充政策を整理したうえで、ここでは長年にわたって実施されている特別配置教師政策について詳しく説明する。特別配置教師政策は市場原理に基づき、「公開招へいと公正的な競争を経て優秀な者を採用すること」と異なり、中央政府が責任をもって優秀な若者を選抜して、へき地や貧困地をはじめとする農村地域の学校へ配置することである。

　特別配置教師は「農村義務教育学校における特別配置教師職位計画」（中国語原語：「農村義務教育段階学校教師特設職位計画」）のもとで募集された教員を指す。同政策は発展途上地域である西部地方における農村義務教育の発展を促進するために、2006 年より実施しはじめ、17 年にわたって、4 つの段階を経て現在の特別配置教師政策へと展開してきた。

　2006 年 5 月教育部、財政部、人事部、中央編弁は「農村義務教育学校の特別配置教師計画の実施に関する通知」を公布した。同通知によって、2006～2008 年では、年間 2 万人の大学卒業生が募集され、西部のへき地、貧困村と少数民族地域の小中学校に配置された。2009～2011 年では、政策の対象地域が西部から中部までに拡大され、年間約 3 万人の大学卒業生が募集された。2012～2014 年では、対象地域がさらに全国における国家レベルの貧困地域と少数民族地域までに拡大され、年間 5 万人以上が募集された。2015～現在まででは、全国のすべての教員不足である貧困地域と農村地域において特別配

置教師政策が実施され、2016年から年間7万人以上が募集されている。

　現在、特別配置教師政策は中央政府に主導され、省ごとに教員公募が行われる。対象者は教師資格証書を取得している大学卒業生である。筆記試験と模擬授業を含む面接での選考に合格した者が各省の農村学校に配置される。特別配置教師は地方政府と契約を結び、配置された学校で非正規教員として3年間働く。給与が国家に定められた金額で支払われるうえで諸手当が完備される。また、他の非正規教員と異なって、特別配置教師は3年の勤務期間において職位評価、業績ボーナスと教員研修が受けられ、正規教員と全く同じ待遇である。給与予算に関しては東・中部地域1人当たり3.52万元／年と西部地域1人当たり3.83万元／年が中央政府と省政府によって負担され、この金額を超えた部分は各市・県政府によって負担される。特別配置教師は3年の契約期間を過ぎたら、勤務校に優先的に正規教員として雇用されることや大学院の推薦入試（専門職学位：教育修士）と入試優遇措置（学術学位：修士または博士）を受けることができる。

　2006年から2022年にわたって、計110万人の特別配置教師が農村学校に送り出された。彼（女）らには大学卒業生が91％を、大学院修了者が約3％を占め、うち教員養成系大学の卒業生は90％以上である。また、統計によれば、2006～2018年において募集された特別配置教師のうち、88％の者が3年の勤務後引き続き教職に就く。2022年現在、農村地域の学校教員は約520万人で、つまり1割弱の農村地域の学校教員はもともと特別配置教師であった。

（3）国家・地方師範生公費教育政策の実施状況

　次に、国家・地方師範生公費教育政策の実施経緯と実施状況について説明する。2007年3月に出された「国務院政府活動報告」は「教育の発展と公平を促すために、教育部所管の6つの師範大学で師範生無償教育政策を実施する」と決めた。同年5月、教育部などが公布した「教育部直属師範大学における師範生無償教育実施方法（試行）」では、「教師をより尊敬し、教育をもっと重視する社会風土を形成させ、教職を全社会で最も尊敬される職業にすること；多くの優秀教員を育成すること；より多い優秀な若者に生涯にわたって教職に就いてもらうことを図って本実施方法を設ける」と明記された。

　同実施方法によれば、「① 2007 年 9 月より、北京師範大学、華東師範大学、東北師範大学、華中師範大学、陝西師範大学、西南大学で師範生無償教育を実施する。②無償師範生は授業料、宿舎料が全額免除され、生活補助金が支給される。予算は国庫負担である。③教育部直属師範大学の教員養成専攻は優先的に学生募集し、教職に情熱を持ち、長期ないし生涯にわたって教職に携わりたい優秀な高校生を選抜する。④無償師範生は入学する前に大学、出身省の教育行政機関と契約を結び、卒業後小中高校で 10 年以上働くことを承諾する。都市学校に勤める場合では、まず農村の小中学校で 2 年間働く。国は無償師範生が長期的に教職に携わることを励ます。一方で、無償師範生は契約通りに小中高校に勤務しない場合では、違約と判定され、免除されたすべての費用を返すとともに、賠償金を納めなければならない。省教育行政部門は責任をもって契約の履行を管理する。⑤無償師範生は原則に出身省にある小中高校で働く。省政府は無償師範生の受け入れを計画し、対象者全員に正規教員とするポストを確保し、無償師範生と学校と互いに選択して採用の自由を保障する。なお、無償師範生は勤務期間中他の学校への異動または学校管理職に就くことは可能である。」

　2018 年、教育部は記者会見で「2017 年までに無償師範生を 10.1 万人募集し、卒業して契約を履行しているのは 7 万人で、うち 90％の卒業生は中西部の小中高校に勤めている」と発表した。こうして、無償師範生政策は教職の社会地位の向上を唱え、経済発展途上地域への優秀教員の補充に貢献しているものの、同政策の対象大学がわずか 6 校であるため、養成された無償師範生の数は限って、全国の農村学校における教員不足の解決にとっては杯水車薪である。

　それゆえ、同政策が実施された 5 年後、教育部などは「師範生無償教育の改善と推進に関する意見」を公布し、師範生無償教育を全国において徐々に拡大することを提唱した。以降、中央政府は複数の政策文書を出し、地方での無償師範生教育の実施を促した。こうして、各省は地域のニーズに応じて無償師範生教育を導入し、実施規則を定め、予算を地方で負担すると決めた。

　2018 年、教育部などは「教育部直属師範大学における師範生公費教育実施方法に関する通知」を公布し、従来の無償師範生教育を師範生公費教育と改

め、実施方法も一部改正した。例えば、10 年の教員勤務期間を 6 年に短縮し、農村小中学校での勤務期間を 1 年へと減らすこと、公費師範生に農村学校に長く勤めさせるために、各地域が研修機会を提供し、彼（女）らの専門性発達を促すと同時に、より充実な諸手当の支給に関する規定を設けなければならないことである。こうして、中央政府は教育部直属師範大学における師範生公費教育政策に指向的な役割を果たし、多くの地方公立大学における師範生公費教育の実施を先導し、より健全的な師範生公費教育システムをつくることに向けて力を入れている。

同年、全国 28 省が地方師範生公費教育政策を導入し、2021 年には 4 万人以上の地方公費師範生を農村学校に送り出した。各省は国家師範生公費教育政策をモデルとして、地域の特徴と教員需要を踏まえて特色ある地方師範生公費教育を行っている。そのなかで、18 省は農村学校へ質の高い教員の補充を政策目標として、それに、地方公費師範生が卒業後農村学校で 5 ～ 8 年間勤務することを明確に規定している地域は大半を占めている。

5．総括

中国においては教員不足問題が長く存在し、2000 年代以前、教員の社会地位と給与・待遇の低さによって、都市と農村を問わず、教員の量的・質的不足が深刻であった。2000 年代以降教員の社会地位が徐々に向上され、給与・待遇が改善されることにともない、都市学校では市場原理と公開競争に基づく教員採用・配置制度が次第に整備され、都市学校を中心に教員の量的不足問題が解決されつつ、教員の資質も保障されるようになった。

既述のような教員採用・配置システムにおける市場原理の導入によって都市学校における教員の資質向上と教員個人の学校選択の権利が保障される一方で、農村地域をはじめとする経済未発達地域における学校は優秀な教員人材にとっての魅力が少なく、ますます激化している人材争奪戦のなかで周縁化されがちである。したがって、そのような学校における教員の量的・質的課題の深刻さは甚だしい。こうしたなかで、中央政府は集権的な教員養成・配置の諸政策を施し、市場原理と公開競争に頼って教員補充が困難な地域・学校を支援し、農村地域における資質の高い教員の不足問題を緩和しようと

している。

　なお、こうした集権的な教員養成・配置に関する諸政策は経済未発達地域での教員需要をすべて満たすわけではないと考える。なぜなら、実際に、集権的・計画的な教員配置は一番末端的な行政単位である県ごとの教育行政までに分権化されている教員採用・配置にとっては限界性を抱えているからである。

　だが、現在中国においては市場原理に基づくメインの教員採用・配置システムを維持するうえで政府の一時的な介入と支援による補完的で多様な教職ルートが構築されつつあるのは確かなことである。こうした集権的な教員配置の諸政策は本当に教員配置の効率化と均等化を両立できるか、また、このような多様な教員養成・配置システムは恵まれていない地域や学校における教員不足の問題を解消できるか否かを刮目して相待つ。

引用・参考文献

・鄔志輝・秦玉友編（2015）『中国農村教育発展報告 2013-2014』北京師範大学出版社。
・王佳寧（2021）「中国における無償師範生政策の実施状況とその限界——採用・配置のプロセスに着目して」『中国研究月報』第 75 巻、第 7 号、1-20 頁。
・王佳寧（2023）「中国における教員地域間格差の形成要因に関する一考察：教育財政と教員採用・配置制度への分析を通して」『北海道大学大学院教育学研究院紀要』第 142 号、177-197 頁。
・中央編制弁・教育部・財政部（2014）「都市と農村部の小・中・高校教職員配置標準の統一に関する通知」（http://www.moe.gov.cn/s78/A10/tongzhi/201412/t20141209_181014.html　2023 年 8 月 25 日最終アクセス）
・中華人民共和国人事部・教育部（2003）「人事部、教育部関与印発《関与深化中小学人事制度改革的実施意見》通知」（http://www.moe.gov.cn/jyb_xxgk/gk_gbgg/moe_0/moe_9/moe_38/tnull_45.html　2023 年 8 月 25 日最終アクセス）
・中国共産党中央・国務院（2018）「全面深化新時代教師集団つくり改革に関する意見」（https://www.gov.cn/zhengce/2018-01/31/content_5262659.htm?tdsourcetag=s_pcqq_aiomsg　2023 年 8 月 30 日最終アクセス）
・張揚（2014）『現代中国の「大学における教員養成」への改革に関する研究』学文社。
・張揚（2018）「教育格差の解消を目指す教育改革と教育経営—中国—」日本教育経営学会編『現代教育改革と教育経営』学文社、196-207 頁。
・張揚・森貞美・張信愛・浜田博文（2022）「中国・韓国における校長職任用前の力量形

成に関する研究：「優れた教育者」から「新たな校長像」への転換」『北海道大学大学院教育学研究院紀要』第 140 号、377-428 頁。
・由由・楊晋等（2017）「特崗教師政策効果分析—教師集団と教育公平的視角—」『復旦教育論壇』第 5 期、85-92 頁。

韓国における教育不足と
教員養成ルートの多様化

田中 光晴・山下 達也

　大韓民国（以下「韓国」という。）では教職は相変わらず人気の職であり、2023 年時点で教員不足は起こっていない。だが、歴史的にみれば、必ずしも人気の職であり続けたわけではなく、教員不足はたびたび生じており、その都度多様な養成ルートが確保された。韓国の事例は、教育制度や教育を取り巻く環境が相対的に日本と似ていることから比較対象として参照されるが、教員養成については、日本の教員養成制度とは異なる発展を遂げてきた。制度的には、日本による植民地経験、米軍政による教育計画など日本との関連が深く、解放前後の経路依存性が確認できる。したがって、これらの前提を踏まえたうえで、現在の教員養成制度を位置付けることが必要となる。そこで、本コラムでは、日本統治期朝鮮における教員養成制度を概括した上で、戦後の教員不足と教員養成の多様なルートについて述べることとする。なお本稿では、紙幅の都合から初等教員養成に絞って記述する。

１．日本統治期朝鮮における教員の養成・確保

　20 世紀前半、日本統治期の朝鮮半島では朝鮮人児童を対象とする初等教育機関として普通学校が日本により設置された。普通学校の数は、「三面一校計画」（1919 年）、「一面一校計画」（1929 年）、「第二次朝鮮人初等教育普及拡充計画」（1937 年）を通じて増加し、1910 年時点で 100 校であった普通学校は、在朝日本人児童が通う小学校と名称統一がなされる前年度（1937 年）の時点で 2,503 校にまで増えている。同時に、学校の増加に伴って教員の需要は高まり、安定的な教員の養成・確保が日本統治期の朝鮮では大きな課題となった。

　教員需要の高まりに応じるため、朝鮮では初等教員の養成・確保は主に 3 つのルートでなされた。それは、①朝鮮内の中等教育機関での養成、②教員試験、③日本「内地」からの招聘である。

　①については、独立した教員養成機関ではなく、中等教育機関の付属施設、またはその中に設置された師範科や速成科で養成した時期と 1921 年以降に新設された師範学校で養成した時期に分けられる。独立した教員養成機関が存在しない状態から師範学校での養成へと転換する中で教員供給力の増大が図られたこと、全地域における師範学校設立によって教員養成の地理的な偏

りを改善したこと、師範学校の全校官立化による教員養成の中央管理体制が強化されたことがこれまでの研究によって明らかにされている[1]。

　②は、1916年10月9日に「小学校及普通学校教員試験規則」が定められたことにより、朝鮮における教員確保形態として制度化されたものであり、師範学校での教員養成体制が整っていなかった時期に問題化した教員不足という窮状打開の期待が寄せられたものでもあった。1917年に行われた第一回試験では37名の合格者を出した後、漸次その数は増加し、試験実施20年目の1937年には300名、翌1938年には492名の合格者を出している。その後、1940年代に入っても教員試験によって新たに教員として採用される人数は毎年約400名程度であったことが分かっており、教員の供給という点では一定の成果を挙げたといえる。

　③は、日本「内地」ですでに教員として働いている現職の者（一部、「内地」師範学校新卒者）が朝鮮に渡ってくるものであり、日本統治期を通じて行われた事業である。不足する教員を確保するということに加え、日本生活者としての知見を有し、日本「内地」の実情に明るい招聘教員は、「内地」の象徴的存在となり得る存在であったため、その増員には単に不足分を補うということ以上の積極的な意義があったと考えられる。

　以上のように、日本統治期の朝鮮では単一ではない教員の養成・確保ルートが築かれたが、これらによる教員供給力では、学校の増設に伴う教員需要の高まりに十分に応じることができず、朝鮮総督府は常に教員不足の問題に直面していた。特に1930年代後半からは日本からの招聘が停滞し、問題が深刻化した状態で1945年の解放を迎えることになる。

２．戦後の教員不足と養成ルートの多様化

　戦後、教員不足はおおよそ3度生じている。すなわち、① 1940-50年代の植民地からの解放と朝鮮戦争からの復興期における教員不足、② 1960-70年代の経済発展期に生じた教員離職者の増加に伴う教員不足、③ 1990-2000年

---

1)　山下達也『植民地朝鮮の学校教員―初等教員集団と植民地支配』、九州大学出版会、2011年。

代の経済危機への対応と教育環境改善政策に伴い生じた教員不足である。①
は、児童数及び学校数の増加に伴い生じた教員不足であり教員需給と関連が
ある。②は、教員の身分や待遇面と関連があり、教員の社会的身分向上の契
機となった。③は、経済危機に対応すべく講じた「痛み分け」策や教育環境改
善政策により生じた副作用である。

(1) 戦後・復興期の教員不足

　1節でも触れたように、日本統治期を通じて慢性的な教員不足であったが、
1945年に日本の植民地から解放されると、内地人教員が引き揚げていったこ
とによる大規模な教員不足が生じた。1945年8月から1948年8月まで米軍
政による統治を受けるが、米軍政当局にとっても教員不足は早期に解消すべ
き課題であった。米軍政は、1945年9月17日に一般命令第4号を公布し、9
月24日にまず国民学校を開校させたが、約35％を占めていた日本人教員ら
が引き揚げたため、教員の数的確保が至急の課題であった。米軍政は、既存
の公立師範学校10校のうち7校を3年制の初等教員養成機関に改編し、初
級中学校3年を卒業した者が入学する本科と高級中学校3年を卒業した者を
入学資格とする1年制の初等教員養成科を設置した。解放後南朝鮮の初等教
員養成は日本統治期と同じ「師範学校型」を採用したことになる。しかし、初
等教員の不足は師範学校のみでは解決できず、当局が初等教員として勤務で
きると認めた者を教員として採用した。また、臨時措置として各師範学校に
講習科や臨時初等教員養成科を付設するとともに、各道に臨時初等教師養成
所を設置し量的な充当を図った。このほかにも、慶尚北道においては7つの
中学校に師範科が開設された。新政府樹立（1948年）以降の教員養成体制は
米軍政期と変わらず、中学校卒業者が入学できる師範学校を柱とし、政府は
師範学校を増設していった。1950年には、国民学校教員の資質を高めるとい
う趣旨から中学校附設の師範科を廃止、大邱師範学校を除き、全国16の師範
学校を公立から国立に移管した。1年制の教員養成科も演習科に名称を変更
し教員不足の補充策として維持されたが、1956年に教員需給が軌道にのると
全面的に廃止された。

（2）経済発展期の離職者の増加

　次に教員不足が生じたのは、1960年代である。1961年に教育に関する臨時特例法が交付され、初等教員養成機関であった高等学校レベルの師範学校を2年制短期高等教育大学レベルである国・公立教育大学に昇格させることで質的向上が図られた。2年制の教育大学は、高等学校卒業者と同等の学歴がある者を入学条件とする初等教員養成機関である。1964年には、梨花女子大学の教育学科に初等教育専攻課程の設置が認可され[2]、1965年から新入生を募集したことで、初めて4年制大学レベルの初等教員養成課程が誕生した。

　しかしこの時期、就学児童・生徒数の増加に加え、1960年代中盤から政府の経済発展計画が推し進められたことを背景に、教員の離職率（1963年度、2.1％→1968年度、8.8％）が上がったことで教員不足が生じた。これに教育部[3]は、教育大学（2年制）の増設、入学定員の拡大を行うとともに、中学校教員資格証所持者で国民学校教員を希望する者に特別教育（5〜8週程度）を行うことで国民学校教師資格を付与する補修教育制度を開始したが、離職に歯止めがかからず、教育大学に臨時初等教員養成所（初級大学卒と同等レベルの者に4〜6か月の教育）を設置し、速成的な養成を図った。なお、1970年代に入ると供給過剰状態になり、全国に16あった教育大は11校に削減された。

　なお、1980年代に入ると初等教員養成制度に大きな変化があった。1980年7月30日に出された「教育正常化措置」により、2年制短期高等教育レベルの教育大学を4年制に昇格させることが発表された。これにより1982年からソウル、釜山、光州の教育大学を4年制に昇格させ、1984年までに全国11の教育大学が4年制に改編され、現在の4年制の教育大学を中心とする養成体制となった[4]。

---

2)　梨花女子大学は、1957年から教育学科に初等教育専攻課程を置き初等教員養成を行っていたが、当時の教育法上は教員資格規定に該当しなかったため教員資格証は付与されていなかった。

3)　文部科学省にあたる中央教育行政機関。文教部、教育人的資源部など年によって名称は異なるが、本稿では便宜上「教育部」と表記する。

4)　1984年には、初等教員養成及び中等教員養成を行う唯一の総合教員養成大学として、国立韓国教員大学が設置されている。

（3）経済危機と教育改善政策に伴う教員不足

　1990 年代後半から 2000 年代初頭にも教員不足が起きている。1997 年の通貨危機を受け、国を挙げての「痛み分け」として、教育予算の削減、他職種との定年調整、児童・生徒と教師の年齢格差解消、教職社会の体質改善などを目的に 1999 年 1 月に教員の定年を 65 歳から 62 歳に短縮した。さらに同年 3 月の公務員年金改革により公務員の退職者の年金受給額が大きく減ることが発表されると、適用前の駆け込み退職者が急増し、早期退職者を含む退職者が約 2 万 5,000 人にのぼった。当時 11 の教育大学の 4 年生の卒業者を全て採用するとしても 5,000 人しか埋まらず、大幅な教員不足状態となった。もともとは高齢教員が 1 名退職すると新任教師 2 人雇えるという経済的論理による予算削減、若返り策であったが、むしろ一時的に年金基金を圧迫することとなり、教員政策としても失策であった。教育部は、この状況に、教員資格検定令及び同施行令を改定し、中等教師資格証所持者を短期の補修教育を受けさせ初等教師として任用できるように緊急の措置を講じ、さらに非常勤講師の採用を大幅に増やすことで教員を確保した。2000 年度には全体の教員の 6％である 8,332 人が非常勤講師として採用され、これは前年の約 10 倍の数であった。

　この状況にさらに追い打ちをかけたのが、2001 年に発表された「教育環境改善計画」である。教育課程の改訂に伴い、2003 年までに 1 クラス当たりの児童数を 35 人にするというのが骨子であり、そのために学校の新設、学級の増設が行われた（2004 年までに 12 兆ウォン投入）。学校、学級の増設はさらなる教員不足を招き、教育部は、初等教員を確保するために、中等教員養成課程在籍者の教育大学への編入、初等教員採用試験の年齢上限の引上げなどを行った。その結果退職した教員の 3 分の 1 が再び非常勤講師として雇われることになるなど、この時期の教員需給計画は混乱した。

　以上の変遷を整理したのが下表である。共和国とは憲法史による時期区分である。

表1 初等教員養成の変遷

日本統治期 1945年時点	米軍政期 1945～1948年	第1共和国 1948～1960年	第2共和国 1960～1961年	第3・4共和国 1962～1980年	第5共和国 1981～1988年	第6共和国 以降 1988～
1. 師範学校（高等学校レベル）・本科（1種訓導）・予科・尋常科（2種訓導）・講習科・研究科	1. 師範学校（高等学校レベル）・本科・教員養成科	1. 師範学校（高等学校レベル）・本科（2級正教師）・演習科（2級正教師）1956年廃止	1. 師範学校（高等学校レベル）（2級正教師）	1. 教育大学（2年制大学レベル）（2級正教師）	1. 教育大学（4年制大学レベル）（2級正教師）	1. 教育大学（4年制大学レベル）（2級正教師）
	2. 師範学校附設臨時初等教員養成所	2. 師範学校附設初等教員養成所（2級正教師）1958年廃止		2. 4年制大学教育学科初等教育専攻課程（2級正教師）（1965年実施）	2. 4年制大学教育学科初等教育専攻（2級正教師）	2. 4年制大学教育学科初等教育専攻（2級正教師）
	3. 中学校附設師範科	3. 中等学校附設教職科（準教師）1954～1957年		3. 補修教育制（2級正教師）1966～1968年	3. 臨時初等教員養成所（法的にのみ存続）	3. 補修教育制（2級正教師）1999年～
				4. 教育大学付設臨時初等教員養成所（2級正教師）（1967年～）	4. 韓国放送通信大学初等教育科	4. 臨時初等教員養成所（法的にのみ存続）
				5. 韓国放送通信大学初等教育課（1972年実施）		

(注) 韓国教育開発院（1983）『新規教師資格制度の改善方向』韓国教育開発院、26頁に基づいて筆者作成。

3．おわりに

　2023年、初等教師の資格取得ルートは、表のとおり複数あるが、全国に設置された国立教育大学を経るルートが一般的である。韓国の初等教員養成は目的養成で国による教員需給計画によりコントロールしているものの、現在は供給過多の状況となっており、今後の少子化を見据え、教育大学の定員は減少傾向にある。計画養成であるがゆえに急な社会変化（経済危機）や政策転換（公務員改革や教育環境改善）には対応できなかった印象がある。現時点でも多様なルートが法的に確保されているものそのためだろう。

　最近では、2023 年 9 月に起こった初等学校教員の自殺事件の背景に保護者からの過度のクレームがあったと報じられたことや、児童・生徒による教師に対する暴力事件が相次いだことを契機に、教職の回避現象が起こっている。そうでなくとも、地方の教育大学は定員割れを起こしだしており、ここ最近では起こっていなかった教員のなり手不足が生じる可能性がある。教育大学のみに与えられた初等教員養成課程を一般大学にも開放すべきだとの議論もあり、教員養成改革も現在進行中である。とはいえ、日本と同じような悩みを抱える隣国では、しばらくはメインルートとして教育大学を位置付け計画供給を行い、万が一の事態に備え予備的供給ルートを法的に残しておく体制をとるとみられる。

＊本稿は、JSPS 科研費 19K02408 の成果の一部である。

第8章

日本における多様な教職ルートと教員不足

―教員不足の実態と制度的要因の整理―

原北 祥悟

はじめに

　本章は、日本における多様な教職ルートの制度や実態を整理することが主たる目的となる。その際、教員不足という今日的なトレンドの進行によって日本の教職ルートが多様化しつつあることに鑑み、多様な教職ルートと教員不足との関係について若干の考察を試みたい。

　そのためにまず、日本の教員養成の原則を改めて確認するとともに、その原則から外れたいくつかの教職ルートを整理する。次に、今日的な教員不足の状況とその対応について文部科学省・自治体の取組を概観する。多様な教職ルートの拡大の背後には、教員不足問題への対応が見え隠れする。さらに「教員不足」をめぐっては多様な解釈が付されており、それぞれの解釈のもとその「解決」が目指されているように見受けられ、その対応は混沌としている。そこで、最後に教員不足の制度的要因を踏まえながら多様な教職ルートとの関係を考察したい。

1．日本の教員養成の原則と多様な教職ルート

(1) 教員養成制度の二大原則

　周知の通り、日本の教員養成制度は二大原則に基づき展開されている。それは「大学における教員養成」と「開放制の教員養成」である。教員養成は「大学」で行うことを大前提に置き、多様な人材が教職に参入できるよう大学の設置者を問わず、教職課程さえ設置すればどこの大学でも教員免許状を取得できる。現在、多くの大学に教職課程が設置されている。中央教育審議会初等中等教育分科会教員養成部会 教員養成のフラッグシップ大学検討ワーキンググループ (2019) の資料によれば、課程認定大学数は606校あり、全大学の80.2%を占めているため (2019年4月1日現在、22頁)、校種を問わず有資格者は安定的に供給されているように思われる。しかし、その内実に目を向けると、小学校教員免許の課程認定大学数は245校、中学校は515校、高等学校は547校となっている (同上、22頁)。そのため、校種によって有資格者の供給量は異なっており、小学校における教員不足が顕著である理由もここから窺えるだろう。とはいえ、ここで強調しておきたいことは、「大学における教員養成」が原則であるという点である。

(2)「大学における教員養成」以外の教職ルート

　他方で、原則としての「大学における教員養成」ではない異なるルートが少しずつ確立されてきたことも事実である。その象徴的なルートとして挙げられるのが、1988年に創設された特別免許状制度と特別非常勤講師制度であろう。文科省HPによれば、特別免許状制度の目的は「教員免許状を持っていないが優れた知識経験等を有する社会人等を教員として迎え入れることにより、学校教育の多様化への対応や、その活性化を図る」ことにある。また、特別非常勤講師制度の目的は「地域の人材や多様な専門分野の社会人を学校現場に迎え入れることにより、学校教育の多様化への対応やその活性化を図る」ことにある。特別免許状制度では当該者へ「特別免許状」が授与されるが、特別非常勤講師として教壇に立つ場合、教員免許を有することなく教科の一部を担当することができる。

　どちらの制度も社会人や多様な専門性を有する人材を学校現場に迎え入れることを主たる目的に据えており、「大学における教員養成」を経ずに教壇に立つことのできる仕組みとして整備されてきた。この2つが制度化された背景には、当時（80年代）の学校荒廃や経済界の抱える事情等が指摘されている（たとえば向山1987など）。紙幅の関係上これ以上の詳述はできないが、少なくとも「大学における教員養成」以外のルートとして位置づいてきた点を指摘しておきたい。

　また、認定NPO法人であるTeach for Japan（以下、TFJ）は今日、存在感を増してきている団体と言える。教員免許を有していなくともTFJによる独自の選考・研修を経れば教壇に立つことができ、「大学における教員養成」とは異なる新たな教員養成・供給主体として注視する必要がある。TFJの詳しい実態や近年の取組内容等は第9章を参照してほしい。

　その他、教職員支援機構による教員資格認定試験や臨時免許状制度等も教職ルートの多様化に寄与している。教員資格認定試験は「広く一般社会に人材を求める」ことと「絶対的不足を補充する」仕組みとしてこれまで実施されてきた（中央教育審議会初等中等教育分科会教員養成部会2019）。なお、「大学における教員養成」（四年制大学）の場合、取得できる免許状は普通免許状のうち一種免許状であるが、教員資格認定試験をパスした際に取得できる免

許状は基本的に二種免許状となっている。しかし、2024（令和 6）年度から高等学校教諭（情報）の「一種」免許が取得できるように制度変更（再開）されたところである。「一種」免許が取得できる理由は、そもそも高等学校教諭普通免許状には二種免許が準備されていないことが挙げられるとはいえ、「大学における教員養成」を経ずに「一種」免許状の取得が可能である制度をどのように引き受けたらよいのだろうか。情報の教員免許取得にかかる教員資格認定試験を再開しなければならない背景には、以前から不足していた情報科教員の供給状況を十分に考慮に入れないまま、先んじて大学入試科目として「情報科」を位置づけたことが大きな要因の一つであると言えるだろう。大学入試や教育課程改革と人的条件整備（大学における教員養成を通じた有資格者の確保）の議論とが十分に接続されていないことが、（情報科）教員不足や教職ルートの多様化を生み出していると看取される。

　最後に臨時免許状についてだが、その名の通り臨時／緊急の場合にのみ発行される免許状である。厳密には「普通免許状を有する者を採用できない場合に限り、授与する免許状」である（教育職員免許法第 5 条 5 項）。戦後以降、計画的に「大学における教員養成」を整備・展開してきた日本において臨時免許状の授与件数は少なくなってきて久しいが、昨今の教員不足に対する緊急的な対応策の一環として注目されつつあり、その授与件数は多少の増減を繰り返しながら少しずつ拡大している傾向にある。授与要件は「都道府県教育委員会が実施する教育職員検定の合格」であり、都道府県教育委員会が認めた者であれば授与可能という意味で、この拡大の進行は「大学における教員養成」という原則を後退させる懸念が指摘されている（原北 2020）。

　現在では「大学における教員養成」をさらに緩和する方針を打ち出している。周知の通り、四年制大学で二種免許（短期大学相当＝取得単位数の負担を軽減した教員免許）を取得できる仕組みが検討されている。通常 4 年かかる養成期間を半分に短縮し供給スピード上げることで、教員不足に対応しようとするものとして位置づくだろう。これらの動きは教員不足が「大学における教員養成」とは異なる多様な教職ルートを生み出していることを示唆する。

(3) 特別免許状と「大学における教員養成」の関係

さて、教員不足とともに TFJ に関する第 9 章とも関わって、特別免許状の存在意義をどのように考えればよいのか少し検討したい。実は、特別免許状の有効期限は制度創設当初 5-10 年の有効期限（都道府県教育委員会規則で定める期間）が付されていたが、その授与件数は伸び悩み、多様な専門性を有する人材を学校に参入させるという所期の目的を果たすためにその有効期限（とともに学士要件）を撤廃した歴史を有する。教員免許更新制の導入及び発展的解消を経て、現行制度でも「無期」の免許状として展開されている。

現在、特別免許状の運用実態に目を向ければ、所期の目的であるいわゆる社会人活用論・多様な人材論としてのみ意義づけられているわけではない。すなわち、教員不足対策の可能性として特別免許状制度が注目されている。文部科学省「教師不足に対応するための教員免許状等に係る留意事項について（依頼）」(2022（令和 4）年 4 月 20 日事務連絡）では教員不足に対応するために「特別免許状の積極的な活用」を謳っている。「無期」の免許状である特別免許状を積極的に活用するとは一体どのような意味を持つのだろうか。多様な教職ルートの在り方、ひいては「大学における教員養成」という原則に向き合ううえで、特別免許状の存在意義は改めて問われるべきであろう。

2．今日的な教員不足の状況とその対応

本節では多様な教職ルートの拡大と深く関わっているであろう今日的な教員不足状況とその対応について概観する。ただし、教員不足の量的な状況を詳述するのではなく、多様な教職ルートとの関わりを念頭に置きながら教員不足状況のポイントを整理したい。

(1) 文部科学省「『教師不足』に関する実態調査」

教員不足の実態を把握するうえで欠かせないデータとして、文部科学省による「『教師不足』に関する実態調査」(2022（令和 4）年 1 月公開）を挙げることができる。本調査は全国的な教員不足の量的な状況だけでなく、小学校の学級担任の代替状況、中学校・高等学校の教科担任不足状況といった細かなデータ、さらには都道府県別の不足状況やその要因（教育委員会へのアン

ケート結果）まで網羅した総合的な調査となっている。具体的な量的な動向
については本調査を直接確認してほしい。

　本節で注目すべきは本調査における教員不足の定義である。本調査では
「教員不足」という用語を使用せず「教師不足」と表現した上で、その定義を
<u>「臨時的任用教員等の講師の確保ができず</u>、実際に学校に配置されている教
師の数が、各都道府県・政令都市等の教育委員会等において学校に配置する
こととしている教師の数（配当数）を満たしておらず欠員が生じている状態」
としている（下線部筆者）。端的に、文部科学省は教員不足をいわゆる非正規
教員不足として理解している点が特徴的である。これは後述する文部科学省
アンケート調査でも同様の立場が確認できる。

(2) 文部科学省によるアンケート調査「『教師不足』への対応等について」

　その文部科学省アンケート調査とは「『教師不足』への対応等について（ア
ンケート結果の共有と留意点）」（2023（令和 5）年 6 月 20 日 5 教教人第 13 号）
である。本アンケート調査によれば、「令和 5 年度始業日時点の教師不足の状
況」について令和 4 年度当初時点と比較して、教員不足状況が「悪化した」と
回答した教員委員会数は 29 ／全 68 に昇っており、教員不足の深刻さが改め
て示されたと言える。

　しかし、ここで着目したい点は教員不足が改善した自治体に問うた「（教員
不足）改善の理由」である。いくつかその理由が挙げられていたが、その中で
特筆すべきは「臨時的任用教員を探す取組を早期から行った」ためや、「令和
4 年度当初に臨時的任用の未配置が多くなった地域について、優先的に臨任
の情報を共有」したため（それぞれ抜粋）という理由である。換言すれば、非
正規教員を確保することができたため教員不足が改善したという内容である
が、それをもって教員不足が改善したと表現してよいのだろうか。「臨時的
任用」という言葉からも窺える通り、臨時・代替という役割を担う教員を確
保できたことがなぜ教員不足改善の理由になるのか疑問が残る。たしかに、
産育休・病休等に伴う代替教員の存在は不可欠である。しかし、年度当初
から未配置が生じていて、かつ慢性的に「臨時的任用」教員の配置が必要と
なっている時点で「教員不足」として理解しなければならないだろう。この

ような非正規教員を確保すれば教員不足は解消するという姿勢が長期化すれば、教職ルートの多様化を無下に拡大させてしまう要因として働く可能性がある。

　無論、メディア等で連日報道されるほど各教育委員会は教員不足に対して種々の取組を展開しており、懸命な努力が窺える。本アンケート調査によれば以下のような取組が紹介されている（一部抜粋）。

・様々なメディアを活用した教師の募集・魅力発信
・様々な形での説明会の実施
・退職教員に対する再任用・臨時的任用の働きかけ
・講師任用の募集・サポート
・高校生に対する呼びかけ
・奨学金補助制度
・採用選考での新たな取組、など。

　これら取組を大別すれば、「教職の魅力化」という方向性と「非正規教員の確保」を目指す方向性の２つの軸があるように整理できる。たとえば、教師の魅力発信や高校生に対する呼びかけ、奨学金補助制度は「教職の魅力化」に分けられ、退職教員に対する再任用・臨時的任用の働きかけや講師任用の募集・サポートは「非正規教員の確保」に分けられるだろう。前者の取組は教員の絶対的不足に対する方策であり、後者は文部科学省の言う「教師不足」への方策として受け止められる。文部科学省は教員不足を非正規教員不足として位置づけているようだが、実際の教育委員会レベルの取組には教員の絶対的不足への対応策も組み込まれているように映る。すなわち、教員不足をめぐる捉え方がアクターによって異なっていると言える。

（3）文部科学省調査からみえる教員不足「観」

　以上、文部科学省アンケート調査を概観したが、やはり教員不足は非正規教員の不足であるという基本スタンスは維持されているように見受けられる。それと同時に、教員不足への対策が大きく「教職の魅力化」と「非正規教員の確保」という２つの方策（議論）によって成立している点が浮かび上がった。この２つの方策（議論）は本来同じ次元に位置づくものではないが、それ

が併存している理由の背後には教師の労働問題が密接にかかわっていることが推察される。

　教職をめぐる問題を俯瞰してみれば、改めて言及するまでもなく、非正規教員の不足に伴う教員不足が唯一の問題ではなく、長時間労働に起因する若年層の教職忌避も深刻である。教職を自身のキャリア選択から外す若年層の増加は当然教員供給の減少につながり、結果として絶対的な教員不足を生じさせる。このような問題群が複雑に交差するに伴い、「教員不足」とは何かが極めて多義的になっているのではないだろうか。教員不足の多義性は教員不足問題の解決策の多元化へと連なる。本書の問題関心に照らせば、多様な教職ルートをむやみに生み出してしまうのではないだろうか。したがって、教員不足の多義性について整理することは、多様な教職ルートを議論するうえで欠かせない作業課題となるだろう。その教員不足の多義性については本章の最後に試論的に検討したい。

(4)　全日本教職員組合によるアンケート調査について

　教員不足に関する実態調査は文部科学省以外のアクターも実施している。以下では全日本教職員組合によるアンケート調査「教育に穴があく（教職員未配置）」実態調査を取り上げたい（全日本教職員組合 HP 参照）。本調査は2022 年 5 月及び 10 月の計 2 回実施している。5 月調査では 19 都道府県・4政令市の回答を集約し、10 月調査では 5 月調査でも回答した 16 都道府県 4政令市の回答を基に比較分析している。文部科学省の調査で使用していた「不足」とは異なり「未配置」という用語を用いて調査している点が特徴である。また、未配置の状況も「定数の欠員」、「途中退職による欠員」、「代替者の欠員」、「独自加配の欠員」など欠員理由を細分化して詳しく調査している点も特徴的であろう。

　5 月調査では「定数の欠員」が 477 人となっており、全体の約半数を占めている。なお、「定数の欠員」とは、定数措置されたものの年度当初から教員の配置がない状況と定義されている。また、「独自加配の欠員」に 33 人が計上されている。これは地方自治体が独自で加配教員を措置したが、未配置となっていることを指している。この事態は地方自治体がたとえば、少人数授

業やTT指導のための定数を独自に確保しても応募者（適任者）がいないということであり、「教育の質」を高めようと自治体が努力して確保した予算が執行されない状況と表現できる。10月調査では5月調査時より450人増え1,184人の未配置状況となっており、教員不足の深刻化が報告されている。なお、2023年5月及び10月の調査結果も公表されている（全教HP）。

（5）自治体による種々の取組

　さて、文部科学省調査とも重複する部分はあるが、教員不足への対応・対策について具体例を整理すれば次のようなものが挙げられる。
- ・ハローワークを通じた募集方法
- ・教員採用試験の早期化・複数回実施
- ・奨学金返還免除の検討
- ・初任者の給与アップ（ex.岡山市教育委員会独自施策：初任給調整手当を採用後5年間毎月2,500円）
- ・県内の高校などから、県内の大学に進学した学生を優先的に採用する「特別枠」の設置（ex.島根県教育委員会：島根創生特別枠）
- ・文部科学省「地域教員希望枠（地域枠）」を設けて地域の教員確保を目指す大学を支援する方針（2024年度予算概算要求に17億円）、など

　既述の通り、「教職の魅力化」と「非正規教員の確保」の取組が併存しつつも、「とにかく取り組まねば」という教育委員会の危機感が看取される一方で、教員不足への対応・対策は各自治体レベルでの取組に依存している傾向にある点を指摘しておく必要がある。教員不足への対応は教育条件整備の観点から国家による積極的な施策が展開される必要があるが、その動きは相対的に弱いだけでなく、教員不足はあたかも自治体の自己責任であるかのような風潮すら看取される。この問題はより丁寧な議論を必要とするため別稿に譲るが、少なくとも自治体の対策に依存し続ければ、自治体（地域）間格差を拡大させるベクトルへ向かう懸念も指摘しておく必要がある。

（6）過去の教員不足への政策的対応

　日本は県費負担教職員制度や義務教育費国庫負担制度等の制度基盤のも

と、安定的な教員供給を実現してきたと理解されがちであるが、実はこれまで断続的に教員不足に悩まされ、その対策を採り続けてきた。例えば、歴史的に大学における教員養成とは異なるルートとして「教員養成所」による教員養成に取り組んできた自治体も複数存在する。ただし、基本的には「例外」的な教職ルートとして理解されており、自治体レベルでの取組である（教員養成所の存続をめぐる議論は神山 2022 を参照）。

　国家レベルでの取組に目を向ければ、教師の待遇改善と安定採用に向けた制度・政策を実行してきた。その象徴的な例が人材確保法であろう。人材確保法の成立過程に関する先行研究は既に多く蓄積されており、その評価も様々であるものの、少なくとも国家レベルで待遇改善と安定採用を目指していくベクトルはその制定過程の中で共有されていたと言える。当時の自民党文教制度調査会・文教部会合同会議資料は、高度成長に伴う相対的な教職の魅力低下に対して「現在は教育畑の『人材不足』という点においてまさに教育の根本的危機であるとわれわれは認識する。（中略）教員の養成・再教育ならびに身分・待遇について抜本的改革を断行し、今後行われるあらゆる教育改革の出発点としたい」（日本教職員組合編 1977、579 頁）と提言している。また、徳永（2012）も「優秀な大学生の方々に教員を志望してもらうためには何といっても処遇と安定的な採用が一番」（11 頁）であると指摘している。人材確保法それ自体に対しては種々の論点があるため、詳細な議論や分析は他の先行研究に委ねるが、教員不足に対して国家が教育条件整備主体として主導することで「大学における教員養成」を原則に置きながらその対策を展開してきたと言える。翻って、今日の教員不足への対応は国家責任として人的条件整備が図られているのか疑問が生じるところである。

3．制度からみる教員不足
(1)「教員需給バランス」からみる教員不足

　本節では、教員不足がなぜ生じているのか制度的な視点から整理する。そもそも教員不足が生じる要因は、一般的には教員需給バランスの崩壊だとして理解されている。山崎（2018）によれば、教員需要は次の 3 つの要因によって規定される（424 頁）。それは、児童生徒数、教員の退職状況、学級編制や教

職員配置に関する政策的要因である。この中でも特に需要が予測しにくいものとして学級編制や教職員配置に関する政策的要因が挙げられる。周知の通り、たとえば、90年代以降の教育の地方分権改革は、その一環として非正規教員の需要を高めうる政策的な動き（定数崩し、総額裁量制、義務教育費国庫負担割合の修正等）を矢継ぎ早に実行してきた。これら一連の政策展開が教員需給バランスを崩した一つの要因であるだけでなく、「非正規」教員の需要を拡大したため、計画的な「正規」教員の採用とは別に、多様な教職ルートを拡大することによって「非正規」教員需要へ対応することで、結果として「大学における教員養成」の原則が後退する契機となったと言える。

(2) 「教科数」からみる教員不足

　他方、「教科数」の視点から捉えれば、また異なる教員不足像が見えてくる。周知の通り、公立の義務教育諸学校における教職員定数はいわゆる義務標準法に基づき算定される。ここでは基礎定数を例に取り、至極簡単に定数を確認してみよう。例えば6学級の中学校1校の場合、学級総数（6学級）× 1.750（乗ずる数）＝10.5人となり、この数の教員（校長を除く）が配置されることになる。これを教科担当の次元で考えれば、この配置数で辛うじて全教科（10教科：国語、社会、数学、理科、音楽、美術、保健体育、技術科、家庭科、外国語）を正規教員で対応できる計算になる。ただし、副校長や教頭を含む数であるため、受け持ち授業数の関係等から現実的には全教科を正規教員で対応することはできないだろう。また、乗ずる数は学級数に応じた係数として定められており、5学級以下の中学校では基礎定数だけですべての教科を正規教員で対応することはできない計算になる。すなわち、教科数の側面で見れば、教員配置数をめぐっては義務標準法の建付けに問題があるとも言えるだろう。もちろん、上記数値は理論値となっている上、加配定数等の措置もあることには留意が必要である。とはいえ、義務標準法（主として基礎定数）自体がすべての教科を正規教員で対応することを想定していない点はどのように引き受けたらよいのだろうか。基礎定数の算出方法と教科ごとに授与される免許状制度や免許状主義との関係が問われている。

(3) 教員不足をめぐる言説

　以上を踏まえると、教員不足とは何かに対するコンセンサスは必ずしも得られていないと言える。そのため、何が問題の本質であるのか焦点化されることなく、「教員不足」という言葉が一人歩きし、それに伴い種々の対策・政策が十分な検討なしに先行することになり、さらなる混乱を生んでいるように見受けられる。

　たとえば、以下のような教員不足イメージが語られている。

・正規教員は足りており、不足しているのは非正規教員である。

・(そもそも) 情報科や家庭科、工業科といった実践系科目教員はこれまでもずっと足りていない。

・「教職離れ」が起きている (なり手が不足している) のだから、正規採用数を増やす政策は無意味だ。

ほかにも、「この学校には前年度は10人の教員が配置されていたのに、学級数の変化のない今年度はなぜか9人に減った」という現場レベルの不足感もある。教員不足イメージはおよそ「教員志望者 (ニーズ) の不足」、「非正規教員の不足」、「正規教員のポスト (定数) の不足」、「特定の教科担当教員の不足」等から構成されており、それぞれ次元の異なる教員不足観がややもすれば印象論的、放言的に語られている。

　そのような問題に向き合うために、何よりもまず「不足」や「未配置」概念の射程を確認しておく必要があるだろう。「不足」は教員の何に対する不足であるのか定かではなく、主観・客観の両者を内包する広範な概念であるため、その基準 (何に対する不足なのか) を明確に提示しなければ議論は錯綜する。他方、「未配置」は配置されるべき定数に対する不足であると受け止められるため、何に対する不足であるのか明確な概念である一方で、配置されるべき定数自体の問題 (少なさ) には言及しにくい側面もあるだろう。加えて、基準としての「定数」にはいくつかの種類がある点に留意が必要である。たとえば、義務標準法に基づく「標準定数」、地教行法に基づいて都道府県・政令市が3月議会で定める「条例定数」、県単や市町村費負担教員を含めて実際にどの学校に誰を何人配置するか定める「配当定数」等である。どの定数に対する不足であるのかによって教員不足問題へのアプローチは変わってくると言

えるだろう。

おわりに

　本章では、日本における多様な教職ルートの制度や実態の整理とともに、教員不足との関係について若干の考察を行った。そこで示唆される点は、教員不足を議論していく際、「何が」足りないのか分析するとともに、あるべき教員人事制度とは何かを追究するスタンスの重要性である。直近では「乗ずる数」に着目し、教職員配置に関する具体的な提言を行う研究（山﨑 2023）が台頭しつつある。このような「乗ずる数」改善による教職員定数の在り方の問い直しを契機として、今後は誰をどこでどのように養成すべきなのか、あるいはどのくらいの人数を採用・配置すべきなのかといった、制度の具体的な中身に対する教育学的な追究が重要な課題となるだろう。

　本章で整理してきたように、昨今の教員不足の深刻化に伴いながら「大学における教員養成」以外のルートが注目されており、教員養成にかかる原理・原則が現在進行形で切り崩されている。解体されざる「あるべき教育制度」とは何かが解明されなければならない（高橋 2019：p.216）と指摘されている通り、今一度「大学における教員養成」を原則に置く人的条件整備の在り方に向き合うことが求められている。

引用・参考文献

・岡山市教育委員会 HP（教育委員会事務局教職員課）
　（https://www.city.okayama.jp/0000003960.html　2023 年 11 月 16 日最終アクセス）
・神山真由（2022）「地方自治体の教員養成政策における例外的機関の存続をめぐる議論
　―埼玉県立小学校教員養成所に着目して―」『教育制度学研究』第 29 号、140-156 頁。
・佐久間亜紀、島﨑直人（2021）「公立小中学校における教職員未配置の実態とその要因
　に関する実証的研究-X 県の事例分析から-」『教育学研究』第 88 巻第 4 号、558-572 頁。
・佐藤守、馮晨、木下龍（2023）「広島県公立中学校における技術科専任教員の他校『兼務』
　の実態」『千葉大学教育学部研究紀要』第 71 巻、171-176 頁。
・島根県教育委員会 HP（https://www.pref.shimane.lg.jp/kyoikuiinkai/ 2023 年 11 月 16
　日最終アクセス）
・全日本教職員組合 HP（https://www.zenkyo.jp/　2023 年 11 月 16 日最終アクセス）
・高橋哲（2019）「教育法学―『防御の教育法学』から『攻めの教育法学』へ―」下司晶、
　丸山英樹、青木栄一、濱中淳子、仁平典宏、石井英真、岩下誠編『教育学年報11　教

育研究の新章（ニュー・チャプター）』世織書房、199‑221 頁。
・中央教育審議会初等中等教育分科会教員養成部会（2019）「資料 7　教職員支援機構説明資料」（第 106 回：2019（令和元）年 7 月 18 日）
・中央教育審議会初等中等教育分科会教員養成部会 教員養成のフラッグシップ大学検討ワーキンググループ（2019）「参考資料 1　大学の教員養成に関する基礎資料集」（第 1 回：2019（令和元）年 5 月 23 日）。
・德永保（2012）「【インタビュー】これからの教員養成システムのあり方―教員養成教育の中身についての議論を―」『季刊教育法』第 172 号、4‑11 頁。
・日本教職員組合編（1977）『日教組三十年史』労働教育センター。
・原北祥悟（2020）「公立小・中学校における非正規教員の任用傾向とその特質―助教諭の運用と教職の専門職性をめぐって―」『日本教育経営学会紀要』第 62 号、62‑76 頁。
・丸山和昭（2007）「『人材確保法』の成立過程―政治主導による専門職化の視点から―」『東北大学大学院教育学研究科研究年報』第 56 号、123‑138 頁。
・向山浩子（1987）『教職の専門性―教員養成改革論の再検討―』明治図書。
・文部科学省 HP「特別免許状及び特別非常勤制度について」（https://www.mext.go.jp/a_menu/shotou/kyoin/1326555.htm 最終アクセス 2024 年 2 月 2 日）
・文部科学省「『教師不足』への対応策について（アンケート結果の共有と留意点）」（2023（令和 5）年 6 月 20 日 5 教教人第 13 号）
・文部科学省（2022）「『教師不足』に関する実態調査」（https://www.mext.go.jp/a_menu/shotou/kyoin/mext_00003.html 2023 年 11 月 16 日最終アクセス）
・山崎博敏（2018）「教員需給」日本教育社会学会編『教育社会学事典』丸善出版、424‑425 頁。
・渡部（君和田）容子（2018）「高等学校工業科教員の欠員・過員問題と養成」『近畿大学生物理工学部紀要』第 41 号、1‑11 頁。
・山﨑洋介（2023）「公立小中学校の長時間過密労働と教員定数算定に関する考察―義務標準法『乗ずる数』に着目して―」『日本教師教育学会年報』第 32 号、135‑147 頁。

第 9 章

日本における多様な教職ルートの現状と今後の課題

—東京学芸大学と Teach For Japan の連携事業に着目して—

北田 佳子

1．多様な教職ルートへの注目

　これまでの章でみてきた諸外国と異なり、日本では伝統的な教職ルート、すなわち「大学における教員養成」の原則が、戦後から現在まで一貫して主流を占めてきた。しかし、近年の教員不足を背景に、この主流とは異なる教職ルートが注目されてきている。

　例えば、複数の自治体が、教員免許非取得者でも民間企業等の経験が一定年数あれば社会人の特別選考枠で採用し、その後 2 年間の免許取得期間猶予制度で教員免許を取得させるという、いわゆる「入職先行型」の教職ルート[1]が登場し、さらに特別免許や臨時免許の活用も増加している[2]。もちろん、まだこうした代替ルートが全体に占める割合はわずかなため、傍系とまではいえない。しかし、教員免許非取得者であっても、各自治体の判断で入職が決定されるという意味において、「大学における教員養成」の原則とは無縁のルートが増加していることに違いはない。

　近年のこうした動向のなか、2021 年度に、国立大学法人東京学芸大学（以下、学芸大）が文科省の委託を受け、認定特定非営利活動法人 Teach For Japan（以下、TFJ）との協働により「教員・教育支援人材育成リカレント事業」（以下、「リカレント事業」）を開始した。これは、昨今の教員不足の改善と若者をはじめとする失業者支援の双方に寄与する事業としてスタートしている（東京学芸大学 2022a）。TFJ は、世界規模でオルタナティブな教職ルートを提供している Teach for All のネットワーク団体として 2010 年に設立され、

---

1) 2022 年度にいち早くこの特別選考を開始した東京都では、同年度はわずか 15 名の受験者しかおらず、そのうちの 9 名を合格とした状況であったのに対し、2023 年度は 149 名もの受験があり、うち 88 名の合格を出すまでに急増している（東京都「令和 5 年度東京都公立学校教員採用候補者選考（6 年度採用）の結果について」https://www.my.metro.tokyo.lg.jp/w/031-20230929-3863382（2023 年 11 月 14 日最終アクセス））。
2) 特別免許は、1989-1998 年度の 10 年間で計 42 件しか発行されなかったのに対し、1999-2008 年度には 304 件、そして 2009-2018 年度には 1,359 件と増加している（総合教育政策局教育人材政策課「教員免許状の授与状況」https://www.mext.go.jp/content/20211216-mxt_syoto01-000019593_003.pdf（2023 年 11 月 14 日最終アクセス））。また、臨時免許は、正確な記録が残る 2012 年度からほぼ年間 8〜9 千件で推移していたが、2022 年度ははじめて 1 万件を超えた（NHK Web 特集「教員確保の "切り札"「臨時免許」増加のワケは？」[2023 年 5 月 23 日] https://www3.nhk.or.jp/news/html/20230523/k10014074801000.html（2023 年 11 月 14 日最終アクセス））。

教員免許非取得者であっても数カ月間のフェローシップ・プログラムという研修を経て、臨時免許等により2年間フルタイムの教員として入職することを可能にする事業を展開してきた組織である[3]。そのTFJと、いわば戦後の「大学における教員養成」の象徴ともいえる「学芸大学」の名称を残す大学が、教職の代替ルートの開発に着手したのである。

　本章では、この「リカレント事業」に着目し、当事業の検討作業を通して、戦後の「大学における教員養成」原則の意義について改めて確認するとともに、日本でも注目されつつある多様な教職ルートの在り方について考えてみたい。

2.「大学における教員養成」の原則の再確認

　まず、「大学における教員養成」の原則について改めて整理しておきたい。この原則は、戦前の師範学校における画一的な教員養成への批判に基づき、教育刷新委員会で決議された「教員の養成は総合大学及び単科大学において教育学科をおいてこれを行う」(山田 1993、87 頁)という方針を意味する。この「大学における教員養成」の原則は、当時、とりわけ小学校(国民学校)の教員養成においては容易に受け入れ難いことだった。なぜなら、小学校の教員養成は、長年、中等教育機関の位置付けにしかない師範学校で行われており、終戦直前の 1943 年にやっと「専門学校程度」の高等教育機関に格上げされたばかりであったからである。「当時の人々にとって、小学校教員の養成は『学問』とは無縁の位置にあった」(TESS 研究会 2001、80 頁)のである。しかし、戦後、国民の教育を受ける権利を保障する制度として義務教育が9年間に延長されたことを踏まえ、この義務教育を担当する教員の養成は最高学府である大学で、しかも、教員になる者ばかりを集めた画一的な養成大学ではなく、そこから学者になる者もいれば、教育行政に進む者もいるような、「従来の師範型に全くとらわれない、そういう或る意味で非常に自由な大学」において行われることの重要性が明示されたのである(日本近代教育史料研究会 1995、146 頁)。

---

3)　TFJ のフェローシップ・プログラム修了生のうち 2010-2022 年で累計 214 名が教師として学校現場に入職している (Teach For Japan 2023)。

　山田昇は、戦後の「大学における教員養成」の精神は「自治の理念」にあると指摘している（山田 1993）。また、海後宗臣らは、「大学における教員養成」の原則は「学問の自由・大学の自治」を前提として捉えるべきだとし、以下のように論じている。

　真理と平和とをもとめ、豊かな人間性をもつ新しい国民の教育は、閉鎖的でない自由な教育体系のなかで養成された教師によってはじめて可能であり、その教師たちが国民の知的形成に責任をもちうるためには、彼ら自身真の「学問」をしていなければならないという考え方が「大学における教員養成」という制度の教師論的根拠にほかならない。つまり大学における開放的な教員養成の理念は、国民の教育を受ける権利と知的探究の自由の保障という戦後教育改革の基本理念とのかかわりにおいて出発したものととらえるべきだろう（海後 1971、546-547 頁）。

ここで強調されている重要な点は、まず、戦後の教師が「国民の知的形成について専門職者として責任をもつ」（海後 1971、558 頁）ものとして定義されたことである。そして、その責任を全うするためには、教師を志す者も自ら「学問の自由」を享受できる「閉鎖的でない自由な教育体系」による教員養成が必須であり、それゆえ「大学における教員養成」の原則は、必然的に「学問の自由・大学の自治」を大前提とすることが強調されている。

　しかしながら、海後らは、「その後の教員養成制度は（中略）改革理念を十全に実現したとはいえないし、五〇年代後半以降は、それを歩一歩と裏切る方向へと進んできている」（同上、547-548 頁）と指摘している。

　この海後らの指摘は、さらに 2000 年代以降悪化の一途を辿っている。「教員養成 GP」に代表される競争的予算配分による国家的統制の強化（岩田 2022）、課程認定行政の運用強化（木内 2013）、「教職課程コアカリキュラム」の導入など、大学自治に対する国家の介入が急激に押し進められてきたためである。岩田康之は、こうした「政策誘導的質保証策」が限界に達するまで押し進められた結果、「『大学での教員養成』原則下の『大学』的なものの核とも言えるアカデミック・ディシプリンの衰退」が引き起こされたと指摘してい

る（岩田 2022、101 頁）。つまり、大前提である「学問の自由・大学の自治」が衰退するなか、「大学における教員養成」の原則は、その重要な改革の理念を失し、単なる「場」の問題としか見なされない状況に陥っている（TESS 研究会 2001、414 頁）。

3. 「大学における教員養成」の原則に対する経済界からの批判

　「大学における教員養成」の原則が単なる「場」の問題としてしか見なされていない状況は、経済界から教育に向けられる批判に顕著である。代表的な一例が、2003 年に小泉首相の諮問機関として設置された「規制改革・民間開放推進会議」（以下、規制改革会議）での議論である。当会議は、情報・通信、金融、医療・福祉などさまざまな分野における規制緩和を提言しており、そのなかで教育分野の改革案として、「免許状を有しない者の採用選考の拡大」と「特別免許状の活用の促進」による「社会人経験者を含む多様な人材の確保・活用」を提案している（規制改革・民間開放推進会議 2005）。

　この背景には、同会議が 2004 年に提出した「文部科学省の義務教育改革に関する緊急提言」に顕著に表れているように、現行の教員養成や免許制度に対する強い不信感が存在する。この緊急提言は、当時の文科省が打ち出した「専門職大学院の設置」や「教員免許更新制の導入」に対する抗議を主とするものだが、その冒頭で、まず「教育サービスの消費者である生徒・保護者たちにとって、真に望ましい義務教育体系とすることこそ、中心に据えられるべき視座」であるとの主張を掲げている（規制改革・民間開放推進会議 2004）。さらに、つぎのような批判が続く。すなわち、「教育の専門性を深化させることが、よりよい『教育者』を創生することにはつながらない。むしろ、実社会での経験を積むことなく大学院で二年間を費やすことは、教員の固定的な教育観の醸成につながる」といった懸念や、「そもそも、現行の教員免許は、大学において所要の単位を取得した者に対し授与されるものであり、免許授与の際には人物等教員としての適格性を総合的に判断する仕組みとはなっていない」という批判である（規制改革・民間開放推進会議 2004）。

　このように、規制改革会議にとって、「大学における教員養成」の原則は免許取得のために「大学において所要の単位を取得する」ことを意味するに過

ぎず、教員としての適格性を保障する仕組みとしては機能していないと見なされている。さらに言えば、同会議にとって、教員はあくまでも「消費者である生徒・保護者」に「教育サービス」を提供する従業員であり、大学において専門性を深化させるよりも「実社会での経験を積む」ほうが重視されているのである。

4.「大学における教員養成」の原則に対する文科省の見解

　上記のような規制改革会議の提言に対し、当時の文科省は、あくまでも「大学における教員養成」の原則を強調し、学部レベルの教職課程の改善や教職大学院の新設等によって、教育の質を上げようとする改革案を打ち出していた。そのことが顕著に表れているのが、2006 年の中教審答申「今後の教員養成・免許制度の在り方について」(以下、「教員養成・免許制度」答申) である。

　「教員養成・免許制度」答申では、特別免許や特別非常勤講師制度の活用等による多様な人材の登用について、学校教育の活性化という観点での意義は認めつつも、これらはあくまで例外であり、本来は「大学における教員養成」の原則により「教職に就くための専門教育を受けた人材が教育活動に当たることが原則であり、多様な人材の登用も、このような基盤があってはじめて成果を生むものである」とし、現行の制度を堅持する必要性を明示している(中央教育審議会 2006)。同答申に繰り返し登場する「高度専門職業人」としての教員像は、上述の規制改革会議が抱く「教育サービスの従業員」としての教員とは一線を画すものであり、「高度専門職業人」としての教員養成は、「大学における教員養成」の原則に基づくものであるという姿勢は明確に示されている。

　ただし、留意しなければならないことは、上述の岩田の指摘のように、これまで文科省が「政策誘導的質保証策」の推進によって、「大学における教員養成」の大前提である「学問の自由・大学の自治」を著しく歪めてきたことへの反省はまったく無く、むしろ種々の問題の原因は各大学にあるという姿勢を見せていることである。例えば、今後の改革の方向性を示すセクションに見られる一連の文章、すなわち、「教職課程の認定の際には厳正な審査を行っているものの、近年、教員として必要な資質能力を責任を持って育成し

ているとは必ずしも言いがたい教職課程が増加しており、教員免許状がいわば『希望すれば、容易に取得できる資格』とみなされ、社会的に評価が低下してきている」、あるいは「教職課程の認定を受けている大学（以下「課程認定大学」という。）は教員養成を自らの主要な任務として強く自覚する必要があり、教員として必要な資質能力を身に付けた学生を送り出すべく、質の高い教育活動を行うことは、課程認定大学としての当然の責務である」（中央教育審議会 2006）といった書きぶりである。ここには、海後の指摘したような「大学における教員養成」の理念を、「一歩一歩と裏切る方向」へと進んでいることに、文科省自身が加担してきたという自覚がまったくといっていいほど見られない。

　さらに、近年、文科省の方針は「大学における教員養成」原則の軽視ととれる方向に大きく転換する。その背景には、昨今の教員不足の深刻化がある。2022 年の中教審答申「『令和の日本型学校教育』を担う教師の養成・採用・研修等の在り方について」（以下、「令和の日本型学校教育」答申）では、「高度専門職業人」に代わり、「多様な専門性を有する質の高い教職員集団」という文言が頻出している。「令和の日本型学校教育」答申では、もはや「学校を取り巻くあらゆる課題に対応するためには、個々の教師の資質能力の向上だけでは限界がある」とし、「教師として勤務する民間企業等の勤務経験者が増加することで、教職員集団の多様性が一層向上されることになる」（中央教育審議会 2022、24-25 頁）と述べ、多様な専門性や背景を持つ人材を教師として取り入れるための方策として、特別免許の運用改善や教員資格認定試験の対象拡大等を提言している。つまり、かつての規制改革会議の主張とほぼ同様のことを、文科省が提言するように大きく方針転換したのである。さらに、同答申では、学生が教職課程の履修途中で離脱しないように、教育実習を含むさまざまな免許取得要件を緩和し、さらには、「二種免許状の取得を念頭に置いた教職課程の開設を特例的に認める」（中央教育審議会 2022、33-34 頁）とも述べており、「大学における教員養成」の原則による高度専門職人としての教員養成は、大きく後退したと言わざるを得ない。

5．学芸大と TFJ の連携による「リカレント事業」の検討

上述のようなこれまでの流れを踏まえ、ここからは、本章の冒頭で紹介した学芸大と TFJ の連携による「リカレント事業」について検討していく。この「リカレント事業」は、文科省の「就職・転職支援のための大学リカレント教育推進事業」の公募によるものであり、学芸大が 2021 年度から 3 年連続で採択されている。2021・2022 年度は TFJ と、そして、2023 年度は新たに学校法人親和学園神戸親和大学（以下、親和大）も加わり、3 者による協働事業としてさらなる展開をみせている。以下では、各年度の事業概要を見ていこう[4]。

(1) 2021 年度の概要

2021 年度は、全体の定員として 110 名もの受講者を募集しており、具体的には以下に示すように、教員免許取得者か否か、また教職志望者かあるいは広く教育分野の就業希望者なのかによって、A、B、C の 3 コースに分けている（東京学芸大学 2021）。

【教員免許非取得者】

A：教育人材養成イノベーションプログラム（教育分野就業志望者に対し、短期集中的に教育の基礎力を育む）136 時間、11〜1 月、30 名

B：教育人材ハイブリッドシステム構築プログラム（教職志望者の免許非取得者に対し、教職の専門性を育む）84 時間、10〜12 月、30 名

【教員免許取得者】

C：教育人材高速再生プログラム（現在教職に就いていない免許取得者に対し、学び直しを支援する）74 時間、10〜12 月、50 名

募集の結果、全国からさまざまな年齢や経歴を持つ 104 名の登録があり、最終的に 85 名が修了をしている（東京学芸大学 2022a）。

---

4)　「リカレント事業」に関連する各種資料に加え、東京学芸大学の松田恵示副学長と萬羽郁子学長補佐に対する 2 名一緒での半構造化インタビュー（2023 年 6 月 15 日、約 1 時間、ZOOM）ならびに、Teach For Japan の中原健聡代表理事への半構造化インタビュー（2023 年 7 月 21 日、約 1 時間、ZOOM）を基に構成している。なお、インタビューの語りの表記は、読み易さを優先するため内容を変えずに一部加筆修正した。

つぎに、2021年度のカリキュラム内容を見ていこう（表9.1）。大きく分けて、「基礎科目」「実習」「資質能力科目」に「キャリア形成」（転職・就職支援）という構成になっている[5]。まず、「基礎科目」群は、主に学芸大の教員（実務家教員含む）が担当している。これらは、学芸大の既存の開講科目とは別に当プログラムのために開講されているものである。

特徴的なのは、"Psychological Safety" や "Growth Mindset" といった一般的な教員養成ではあまり見かけない科目が並ぶ「資質能力科目」群だろう。この科目群はカリキュラム全体において一番多くの時数が割り当てられており、主担当は TFJ のスタッフが務めている。ちなみに、これらの科目名は英語だが授業での使用言語は日本語であり、グループ活動や演習・実習によりコミュニケーション力や課題発見力等多様な力を高める科目となっている（東京学芸大学 2022a）。また、「学習科学」は、もともと TFJ のフェローシップ・プログラムにも含まれている特徴的な科目であり、TFJ の取り組みは、Teach For All 加盟国のなかでも優れた教員養成のロールモデルとして評価されている（Teach For Japan 2023）。

表9.1　2021年度「リカレント事業」のカリキュラム内容

科目群	授業時数	科目名	時数内訳			主担当
			A	B	C	
教職基礎科目	4～24時間	教育基礎論(含教科教育法)	10	10	—	学芸大
		学校の現状と課題	4	4	4	学芸大
		児童・生徒論	6	6	—	学芸大
		地域・家庭論	4	4	—	学芸大
教育改革実習	24時間	教育改革実習	24	24	24	学芸大
教育実践資質能力科目	25～84時間	Psychological Safety	10	5	5	TFJ
		Growth Mindset	10	5	5	TFJ
		Meta-cognition	10	5	5	TFJ
		Autonomy	10	5	5	TFJ
		学習科学	20	4	10	TFJ
		学習支援	24	12	12	TFJ
キャリア形成	0～4時間	キャリア形成	4	—	4	キャリアコンサルタント
総授業時数	74～136時間		136	84	74	

(注) 東京学芸大学 (2021, 2022a) より筆者作成。

---

5) 授業形態はオンラインと対面を組合わせて実施、受講料は文科委託事業なので無料（2021、2022、2023年共通）。

　さらに特徴的なのは、「教育改革実習」と「学習支援」という科目である。「教育改革実習」は丸 2 日間をかけて学芸大附属小学校や東京都内の公立学校で実施するものである。これは、従来型の教育実習のように指導実習を行うものではなく、受講生が自分のキャリアについて子どもたちに話をしたり、実習校の教育活動の補助をしたりしながら、教育支援実習という形で実施する。また、すでに就業状態にあったり、遠方に住んでいる等の理由で現地実習に参加できない受講生には、代替として「オンライン教育改革実習」を実施している。学芸大の松田副学長は、この「オンライン教育改革実習」の設計に際して、「そもそも教育実習というのは、いろんなものをそぎ落としていった時に、何を欠けば教育実習とは言えないのかという議論」を、学芸大の教員と TFJ のスタッフが相当積み重ねたと語っている。

　また、「学習支援」とは、受講生が自ら学校等のさまざまな教育現場とつながりをつくり、学習支援や放課後遊びのボランティア等を行う活動を指す。こうした多様な教育活動にかかわる経験を積むとともに、プログラム修了後も同所でボランティアを継続する受講生もいるという。

　では、「リカレント事業」のプログラム修了生の出口はどうなっているのだろうか。松田副学長の話では、修了後、教職に就くのは 2 割未満であり、人数としてはそれほど多くないということである。2021 年度報告書には、教員免許を有していない受講生のうち、13 名が臨時免許の発行を受け 2 年間の期限付きで教員として入職した旨が報告されているが、彼らはすでに 6 月から TFJ のフェローシップ・プログラムを受講しており、それに加えて 10 月から「リカレント事業」プログラムを受講した者である（東京学芸大学 2022a）。

　初年度の修了生の出口状況について、学芸大の萬羽学長補佐はつぎのように語っている。

　このプログラムを始める時に、（中略）臨時免許や特別免許の発行などにつなげられるといいと思っていたのですが、やはり自治体としてはなかなか発行が難しいという壁があり、教員になるという道は難しいというところがありました。
　実際、このプログラムを経て教員になった方の例としては、ご自身で通信教育を並行して受けて免許をとる方や、過去に免許を取っていて、今はまったく違う職業に就いているが教員になりたいという方など、やはり免許を持っている方でないと、なかなか難しかったです。

学芸大・萬羽学長補佐へのインタビュー （2023 年 6 月 15 日）より

本章の冒頭で、近年、特別免許や臨時免許の発行数が増加していることに触れたが、この萬羽氏の語りからは、まだそのハードルは高いことがうかがえる。

(2) 2022年度の概要

　続いて、2022年度の概要を見ていこう。上述のように、教員免許非取得者を教員としての入職につなげることが難しかった現実を踏まえ、2022年度は、教員免許取得者か否かでコースを分けることはせず、「A：教育イノベーションプログラム推進人材育成プログラム（120時間、10〜11月＋就職・転職支援、20名）」と「B：教育支援協働推進人材育成プログラム（72時間、10〜12月＋就職・転職支援、20名）」の2コース設定へ変更し、募集人数もあわせて40名と削減している（東京学芸大学 2022b, 2023a）。しかし、これは単なる事業の縮小ではなく、学芸大とTFJの担当者が議論を重ね、「リカレント事業」の意義を熟考した結果による判断だったという（ちなみに、2022年度の出口は本稿執筆時点ではまだ報告されていない）。

　修了生の出口に関して、TFJの中原代表理事は、そもそもTFJは、修了生を学校に送り込むことで教員不足を解消しようとするものではないと述べている。

> 　TFJは教員不足の解消を目的に活動しているように捉えられることが多いですが、教員不足の解消を目的にしたことは一度もありません。すべての子どもの学習権が保障される公教育を実現する、その目指す公教育を可能にする学校、教職員組織をどのように構築するかが軸にあります。（中略）入職の多軸化を使いながら、その時代その時代における子どもたちの状況に適応していくための教職員組織の柔軟性を常に高めていきたいと考えています。
> 　　　　　TFJ・中原代表理事へのインタビュー（2023年7月21日）より

この中原氏の言葉には、TFJのヴィジョン、すなわち、「すべての子どもが素晴らしい教育を受けることができる世界の実現」のために、教員組織の多様性や柔軟性を高める必要が示されている。さらに中原氏はつぎのように語る。

> 　われわれは、公教育が変わるには社会が変わらなければいけないと発信しています。（中略）社会側が変わるためには、人の流動性が高い状態がポイントです。学校教員を経験したことがある社会人、企業人がいかに増えるかはすごく重要な要素だと考えています。学校だけが変わるのではなくて、企業や社会全体が公教育への当事者意識を高める必要があります。
> 　　　　　TFJ・中原代表理事へのインタビュー（2023年7月21日）より

ここで言う「流動性」とは、単に多様な人々が学校に入職するという方向だけでなく、教員を経験した人が企業等の社会に出ていくという双方向の交流を意味するもので、それにより社会全体の「公教育への当事者意識」を高めようとするものである。

　この点について、学芸大の松田副学長も以下のように発言している。

> 教員養成大学においてしっかりと学修を修めて、先生になっていくというのも、ひとつの非常に大きな教員の育て方だと思います。問題は、多様性や、弱いつながりというか、ネットワークというんでしょうか。(中略) 強いつながりだと、同質の集団が非常に強いスクラムを組めますが、一方で、[何かあった時に] ポキンといったり、あるいは排他的な動きを生じさせてしまうこともあると思います。(中略) 4 年間、学生から学校へとストレートに行く人材もいれば、社会を経由して戻ってくる人材もいれば、場合によっては、学校から一回社会に出てまた戻ってくるといった多様な人材が、弱いつながりをしっかりと持って、そのことがもたらす学校の強さみたいなものが出てくればいいなと思います。
> 東京学芸大学 (2023a) 公開イベントにおける学芸大・松田副学長の発言より

松田氏の言う、大学卒業後ストレートに教師になるというルートだけでなく、別の職種を経験して教職に就くといったルートの存在は、教員組織の多様性や柔軟性を高め、学校の硬直性や排他性を防ぐ重要なポイントだろう。

　2022 年度のカリキュラム内容については、概ね前年度の枠組みを踏襲している。2021 年度に見られた "Psychological Safety" や "Growth Mindset" といった英語名の科目は無くなっているが、そこで扱われていた内容はカリキュラムから削除されたわけではなく、全体的な整理にしたがって、2022 年度もいずれかの科目に含まれる形で扱われていると推測される。

(3) 2023 年度の概要

　2023 年度は、当事業として大きな変化が見られた年度である。すでに述べたように、2023 年度から親和大が新たに加わり、学芸大学・TFJ・親和大の 3 者による連携事業が開始されることになった。2023 年度の募集要項には、親和大は「通信教育部で多数の教員採用実績のある」と紹介されている。修了生は、親和大の通信教育部への入学金が免除され一部科目読み替えもできるため、幼稚園や小学校の普通免許取得がしやすくなったのである (東京学芸大学 2023b)。

　さらに 2023 年度は、「教育イノベーションプログラム推進人材育成プログ

ラム」(145時間、10〜1月＋就職・転職支援、20名) とコースも1つに変更し、定員も20名に絞り込んでいる。対象者は、前年度同様、教員免許取得者か否かにかかわらず応募できるになっている (東京学芸大学 2023b)。

　上記のような大きな変更の背景には、過去2年間の事業運営において、教員免許を有していない修了生が、なかなかスムーズに教職に就くことができなかった現実を踏まえ、通信教育部と連携することで普通免許の取得による入職を拡大していきたいという思いがあったという。また、本章の冒頭でも言及した、「入職先行型」の採用に対応できる教員養成の開発につなげたいという展望もあるとのことだった。

　以上のような大きな変更は、2023年度のカリキュラム内容にも表れている (表9.2)。まず、何といっても当プログラム修了後、親和大学の通信教育部の必要単位に読み替え可能な科目 (「子どもの心身と発達」と「ダイバーシティと教育課題」) が設定されたことは大きな変更である。つぎに、2021年度・2022年度のカリキュラムで最も多くの時数が配分されていた「資質能力科目」群が無くなり、代わりに「基礎科目」群の時数が大幅に増えている。TFJの特徴的な科目である「学習科学」は、具体的な科目名のリストには見当たらなくなったが、親和大との共同科目「子どもの心身と発達」で扱うことになったという。

表9.2　2023年度「リカレント事業」のカリキュラム内容

科目群	授業時数	科目名	時数内訳	主担当
教育・教育支援基礎科目	70時間	教育・教育支援基礎	12	学芸大
		子どもと家庭・学校・地域	12	学芸大
		子どもの心身と発達	23	親和大・TFJ
		ダイバーシティと教育課題	23	親和大・TFJ
現場実習	46時間	教育改革実習	23	学芸大
		学習支援実習	23	TFJ
キャリア形成	6時間	キャリア形成	6	キャリアコンサルタント
総合演習	23時間	総合演習	23	学芸大
総授業時数	145時間		145	

(注) 東京学芸大学 (2023b) より筆者作成

　2023年度の事業は、ちょうど本稿執筆時に開始されたためこれ以上の詳細

はわからないが、親和大が加わることで、今後「リカレント事業」がどう展開していくのか注視していきたい。

6.「リカレント事業」の可能性と課題

　以上、本稿では、近年日本でも多様な教職ルートが注目されてきている現状を踏まえ、改めて「大学における教員養成」の原則について確認するとともに、経済界からの批判や文科省の見解を整理したで、学芸大と TFJ、そして親和大の協働による「リカレント事業」について検討してきた。最後に、この「リカレント事業」の特徴を以下の 3 点に要約し、それぞれについて「大学における教員養成」の原則の視点から考察を加える。

　第 1 に、「リカレント事業」は、単に昨今の教員不足を解消することのみを目指すものではなく、多様な人々が学校と社会の間を行き来する「流動性」を生み、「社会全体が公教育への当事者意識を高める」ことを企図するものであった。こうした「流動性」が実現すれば、規制改革会議の想定するような「教育サービス」の提供者（教師）と消費者（子ども・保護者）という関係は、ともに公教育の在り方を考える関係へと変容する重要な契機となり得る。これに関連して、学芸大の萬羽学長補佐は、つぎのように語っている。

> 　TFJ さんと組んだことによって、社会というか免許を持たない方でも学校とどう関わっていくかっていうのはすごく議論できたと思います。(中略) 今回こういうプログラムに関わることによって、教員不足という問題も含めて、社会として地域として学校や教育をどう支えていくかという広い視点で考えることの大切さはすごく感じました。(中略) 教員だから教員ではないからという区切りではなく、本当に社会でどう支えたらいいかということを広い視点から考えるという意味では、学芸大でやる意義はとてもあるのかなと思っています。
> 　　　　　　　学芸大・萬羽学長補佐へのインタビュー（2023 年 6 月 15 日）より

　ここで萬羽氏が述べている「教員だから教員ではないからという区切りではなく、本当に社会で［学校や教育を］どう支えたらいいかということを広い視点から考える」ことは極めて重要でありながら、現在の教員養成を主とする大学・学部では、議論すること自体が極めて難しい状況に陥っている。

　本来、戦後の「大学における教員養成」の原則は、師範学校の閉鎖性を批判し、多様な出口が想定される「非常に自由な大学」での教員養成の必要性を強調していた。それにもかかわらず、近年の「政策誘導的質保証策」は各大学

にアカウンタビリティを求め、教員養成は出口を厳しく管理される「非常に不自由な大学」で行われるようになった。この問題性を問う意味で、多様な人々の「流動性」を重視する「リカレント事業」は示唆に富む実践であるといえよう。

　第2に、「リカレント事業」では、いずれの科目においても主担当かどうかにかかわらず、学芸大とTFJの両者で議論を重ねながら、互いの強みを生かしたカリキュラムを協働で開発している。この「リカレント事業」は、学芸大が提供するいわゆる主流ルートの教員養成課程の外に置かれているために、免許法の基準に縛られることなく柔軟な設計が許されている。それゆえ、松田副学長が語っていたように、例えば教育実習1つを例にとっても、「そもそも教育実習というのは、いろんなものをそぎ落としていった時に、何を欠けば教育実習とは言えないのかという議論」を関係者間で丁寧に積み重ねることが可能だったといえる。もちろん、主流ルートの伝統的なカリキュラムと比較して、「リカレント事業」の提供するプログラムには、期間の短さや内容の不十分さといった課題は残っているだろう。しかし、はたして現在、どれだけの大学で、教員養成カリキュラムの科目について、松田氏の語ったような本質的な議論を同僚間で時間をかけ行うことができているだろうか。特に、「教職課程コアカリキュラム」の導入以降、大学側は、議論の余地なくトップダウンで要請された科目をこなすことで精一杯となっているのが現状である。

　元来、戦後の「大学における教員養成」の原則は、「閉鎖的でない自由な教育体系」を整備し、そのなかで教師を志す者たちが自ら「学問の自由」を享受する必要性を掲げていた。しかしながら、本章で論じてきたように、「大学における教員養成」原則の大前提である「学問の自由・大学の自治」は著しく歪められ、教員養成に関する本質的な議論は教員養成課程の外で行わざるを得ないという矛盾が生じている。その意味で、「リカレント事業」は、学芸大の正規の教員養成課程と切り離されているからこそ、「自由な教育体系」を展開することが可能となっている。しかし一方、このまま正規の養成課程と切り離された状態である限り、主流ルートが抱える閉鎖性や不自由さの問題を問い直す契機となるインパクトは残念ながら限定的にならざるを得ない。今後

は、「リカレント事業」が、単なる学内の一事業の枠を越え、学芸大の正規の教員養成課程といかなる関係を築いていくかが重要であるといえよう。

　第3に、「リカレント事業」が、教員免許を有していないものの教育に携わりたいと考えている社会人等に対する教育プログラムの開発に取り組んでいる意義は大きい。現在の日本では諸外国に比べ、教育分野に限らずリカレント教育の普及がきわめて低い[6]。そのため、教員免許を有していない社会人が教師を志したとしても、改めて学ぶことのできる場が通信教育などきわめて限られているのが現状である。本来は、教職ルートの多様化とともに、多様なルートで入職する人々に対して、教師としての専門的な学びの機会をどこでどのように保障するかという議論が必要不可欠である。こうした学びの機会を、ここでは仮に「リカレント型教員養成」と呼んでおこう。今後、こうした「リカレント型教員養成」を、大学がどう開発し提供していけるかは大きな課題である。現在、教育分野に限らず、少子化に伴う大学の生き残りをかけたリカレント教育の議論が活発化してきている。しかし、大学における「リカレント型教員養成」は、そうした大学経営のニーズからではなく、教職の専門性保障の観点から議論されるべきことはいうまでもない。

　戦後の「大学における教員養成」の原則において、教師という職業は、国民の知的形成について責任をもつ専門職として定義されている。教師が単なる「教育サービス」の従業員ではなく、子どもたちの教育を受ける権利に責任を負う専門職であることを踏まえるならば、専門職に相応のリカレント教育を「大学における教員養成」において構想し、実現していくことが、今後ますます必要となろう。

　その意味で、2023年度から開始された親和大の通信教育部との連携が、今後、専門職に相応しい「リカレント型教員養成」としてどう展開していくのかが重要となってくる。通信教育は受講者の状況に合わせた柔軟な学修を可能にする点で、リカレント教育においてメリットの大きい学習形態である。

---

6)　OECD諸国における25歳以上の大学への進学者割合（2018年）調査において、日本はわずか2.5%であり調査国中ワースト2位（OECD平均16%）（内閣府「リカレント教育の現状」https://www5.cao.go.jp/keizai2/keizai-syakai/future2/chuukan_devided/saishu-sankou_part4.pdf（2023年11月14日最終アクセス））

しかし、同時にそれは、「大学における教員養成」の原則を単なる「場」の問題、つまり、教員免許取得のために「大学において所要の単位を取得する」ことへと変換させやすいものでもあることに留意が必要である。さらに言えば、親和大の通信教育部を媒介に普通免許取得のルートに接合することにより、「リカレント事業」が、主流ルートの抱える閉鎖性や不自由さの問題を問い直す契機を失うことも懸念される。

　いずれにしても、本章で着目した学芸大・TFJ・親和大の「リカレント事業」は、経済界や文科省が推進する教職ルートの多様化に関する議論から抜け落ちてしまっている、多様なルートで入職する人々に対して、どこでどのように専門職としての学びの機会を保障していくかという問題に、正面から向き合うものとして重要な意味をもつことに間違いはない。「リカレント事業」から逆照射される「大学における教員養成」の原則の意義を改めて見つめなおし、日本における教職ルートの多様化に対し大学としてなにができるのか、今後、活発な議論が展開されることを期待したい。

謝辞

　御多忙のなか、インタビューやその後の追加質問等にも快く応じてくださった東京学芸大学の松田恵示副学長、萬羽郁子学長補佐、Teach For Japan の中原健聡代表理事へ心より御礼申し上げます。

引用・参考文献

・岩田康之（2022）『「大学における教員養成」の日本的構造 ―「教育学部」をめぐる布置関係の展開』学文社。
・海後宗臣編（1971）『教員養成《戦後日本の教育改革 第八巻》』東京大学出版会。
・木内剛（2013）「近年の課程認定行政と大学の自主性・自律性」『日本教師教育学年報』第22号、32-39頁。
・規制改革・民間開放推進会議（2004）「文部科学省の義務教育改革に関する緊急提言～真に消費者（生徒・保護者）本位の多様で質の高い義務教育体系の実現に向けて～」（平成16年11月30日）
　（https://www8.cao.go.jp/kisei-kaikaku/old/minutes/meeting/2004/08/meeting04_08_01.pdf 2023年9月15日最終アクセス）
・規制改革・民間開放推進会議（2005）「規制改革・民間開放の推進に関する第2次答申『小さくて効率的な政府』の実現に向けて―官民を通じた競争と消費者・利用者による

選択―」（平成 17 年 12 月 21 日）」

（https://www8.cao.go.jp/kisei-kaikaku/old/publication/2005/1221/item051221_02.pdf
2023 年 10 月 2 日最終アクセス）

・Teach For Japan（2023）「Teach For Japan 2022 年度年次報告書」
（https://teachforjapan.org/wp-content/uploads/2023/04/annual _report_2022.pdf
2023 年 6 月 20 日最終アクセス）

・TESS 研究会編（2001）『「大学における教員養成」の歴史的研究―戦後「教育学部」史研究』学文社。

・中央教育審議会（2006）「今後の教員養成・免許制度の在り方について（答申）」（平成
18 年 7 月 11 日）
（https://www.mext.go.jp/b_menu/shingi/chukyo/chukyo0/toushin/1212707.htm 2023
年 10 月 5 日最終アクセス）

・中央教育審議会（2022）「『令和の日本型学校教育』を担う教師の養成・採用・研修等の在り方について〜「新たな教師の学びの姿」の実現と、多様な専門性を有する質の高い教職員集団の形成〜（答申）」（令和 4 年 12 月 19 日）」
（https://www.mext.go.jp/content/20221219-mxt_kyoikujinzai01-1412985_00004-1.pdf
2023 年 10 月 5 日最終アクセス）

・東京学芸大学（2021）「2021 年度教育人材リカレント養成・マッチングプログラム事業募集要項」
（https://www.u-gakugei.ac.jp/recurrent/upload/youkou_4.pdf 2023 年 6 月 20 日最終アクセス）

・東京学芸大学（2022a）「2021 年度教育人材リカレント養成・マッチングプログラム報告書」
（https://www.u-gakugei.ac.jp/recurrent/upload/2021report.pdf 2023 年 9 月 25 日最終アクセス）

・東京学芸大学（2022b）「令和 3 年度『DX 等成長分野を中心とした就職・転職支援のためのリカレント教育推進事業』教育イノベーション推進人材育成プログラム募集要項（2022.9.16 改訂）
（https://www.u-gakugei.ac.jp/recurrent/upload/boshu_innovation2.pdf 2023 年 6 月 20
日最終アクセス）

・東京学芸大学（2023a）公開イベント「人材の壁を超える―未来の教育のカタチ―」（2023
年 2 月 19 日）
（https://www.youtube.com/watch?v=XDf2Vc_lk3M　2023 年 10 月 2 日最終アクセス）

・東京学芸大学（2023b）「令和 4 年度人材育成推進事業費補助金『成長分野における即戦力人材輩出に向けたリカレント教育推進事業』教員・教育支援人材育成リカレント事業募集要項」
（https://www.u-gakugei.ac.jp/recurrent/upload/boshu2023c.pdf　2023 年 9 月 30 日最終アクセス）

・日本近代教育史料研究会編（1995）『教育刷新委員会・教育刷新審議会会議録〈第 1 巻教育刷新委員会総会（第 1〜17 回）〉』岩波書店。

・山田昇（1993）『戦後日本教育養成史研究』風間書房。

終章

国際比較から見えてくること

佐藤 仁・矢野 博之

1.　世界の多様な教職ルートの分類

　各章で示されたように、多様な教職ルートはそれぞれの国の文脈によって大きく異なり、様々な様相を見せている。しかし、各国の状況を並列してみると、いくつかの傾向を見出すこともできる。ここでは、国際比較を通して、多様な教職ルートをめぐる各国の類型化を試みたい。類型化に際しては、絶対的な基準に従って国を分類するのではなく、それぞれの国の相対的な位置を示すようにする。その理由としては、多様な教職ルートを分類する明確な枠組みや基準が存在しないこと、そしてそれゆえにお互いの相対的な位置関係によって分類が可能になることが挙げられる。

　類型化は、次の二点から試みた。一点目は、いくつかの教職ルートがある中で、「主流」すなわちメインとなるルートが存在するかどうか、そしてそのメインとなるルートが教員養成・採用において一定程度のシェアを占めているかという点である。二点目は、一般的な教員免許・資格（例えば、日本の普通免許状）を取得するルート以外に、教員として働くルートが実態として存在するのかどうかという点である。

　なお、以下に示す類型化は、あくまで「試み」である点を強調しておきたい。より精緻な類型化を進めるためには、特に共通に定義された項目に基づく量的なデータが必要不可欠である。しかし、これまでも指摘したように、多様な教職ルートが各国の文脈に深く根付いている中では、類型化に必要な共通データを揃えることに限界があった。もちろん、各国のデータを無視しているわけではないが、本研究では各国の教育に関する研究を進める執筆者たちの専門的判断を類型化のベースにした。その意味では、今後の研究の進展によって各国の位置づけを修正する必要があるし、政策の展開によっては常に変化するものともいえる。

（1）メインとなる教職ルートの存在

　本書で対象とした国に限らず、多くの国・地域において、教員養成は高等教育段階で行われるようになっている。そのことは、ほとんどの場合、教員養成が大学によって提供されていることを意味する。つまり、メインとなるルートが存在しているかどうかは、大学による教員養成がメインのルートと

なっているかどうか、ということになる。そして、大学による教員養成が全体のシステムにおいて、一定のシェアを占めているかどうかという観点から、各国の状況を検討できよう。ここでは、メインとなる教職ルートが明確になっている国と、メインとなる教職ルートが明確ではなく、一般的な教員免許・資格を取得する教職ルートが混在している国とに分類することを試みた。分類の結果は、図1の通りである。

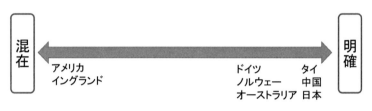

（注）筆者作成

図1　メインとなる教職ルートの存在による分類

　メインとなる教職ルートが明確になっている国としては、ドイツ、ノルウェー、オーストラリア、タイ、中国、日本が挙げられた。ドイツでは、大学院修了にプラスした試補勤務を含む伝統的な教員養成が堅持されている。タイの教員養成は高等教育機関で行われており、4年制課程を整備している。ノルウェーでは教員養成の高度化を進めており、それが主流の教員養成となっている。オーストラリアも同様に、大学での教員養成が前提となっている。日本では、教員養成の二大原則に基づく大学による教員養成度制度があり、それが崩されているとは、現段階で指摘することはできない。

　他方で、多様な教職ルートが混在している国としては、アメリカとイギリス（以下、イングランドのみを指す）が挙げられる。アメリカでは、教員不足を背景に、学区教育委員会やNPO等による教員養成の代替ルートが登場し、大学以外の教職ルートが混在している。特に第3章で指摘されているように、テキサス州では代替ルートで教員免許を取得した者の割合が約50％にも及んでおり、混在の状況が如実に示されている。また、第4章で示されているように、イギリスでは全体の教員養成への参加者の中で、高等教育機関ベースでの教員養成に参加している者が44％であり、残りは学校ベース等の教

員養成となっている。

(2) 一般的な教員免許・資格を取得するルート以外のルートの存在

　世界の各国・地域では、近代的な教育制度の発展とともに、教員免許・資格制度が整備されてきた。ただし、日本の臨時免許状や特別免許状にみられるように、複数の種類の教員免許や資格がある国においては、メインとなる教職ルートとは異なるルートで免許や資格を取得し、教壇に立つことができる。また、国によっては「無資格教員（unqualified teacher）」という形で、正規の教員免許・資格を有していない教員、もしくは教員免許・資格に示された教科や学校段階とは異なる教科等の教育に従事している教員が存在する。これらのルートは、第2章のノルウェーで指摘された、通常の教職ルートを「正門」とした場合の「裏門」に該当するものである。そこで、この裏門となる教職ルートが制度及び実態として、どの程度存在しているのかという点に着目し、裏門が広い国と狭い国という軸で分類を試みた。その結果が図2であり、それぞれの国の相対的な位置関係を定位するようにした。

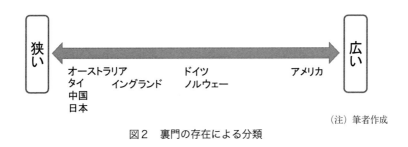

（注）筆者作成

図2　裏門の存在による分類

　まず前提として確認しておきたいのが、裏門の教職ルートが正門を凌駕するような事態は、当然のことながら各国において生じていない点である。つまり、裏門の量的なシェアという観点からは、どの国においても「わずか」（少なくとも半数を超えるような状況でない）と言える点は強調しておきたい。
　相対的に分類すると、裏門が狭い国として挙げられるのが、オーストラリア、タイ、中国、日本である。オーストラリアでは、クイーンズランド州において教育実習生が実習終了後に教員として勤務できる仕組み等があるが、そ

の数は多くなく、全体に占める割合は非常に低い。タイでは、国境警備隊学校の教員は一般の教員免許とは異なる形で入職するほか、外国人教員に対する臨時指導許可証の仕組み等があるが、それらが全体に占める割合は低い。中国では、以前は「民弁教師」と呼ばれる無資格教員の存在が指摘されていたが、現在では「民弁教師」の仕組みが禁止されており、正規教員および非正規教員になるには教員資格証明が必須となっている。日本の場合は、臨時免許状や特別免許状のルートが裏門に該当する。ただし、2020年（5月1日現在）の小学校の教員数（本務）は422,554人に対して、2020年から遡って過去3年間（2018–20年度）の臨時・特別免許状（小学校）の授与件数は11,630となっていることから、裏門から教壇に立っている教員の割合は低いと言える[1]。

　次に、イングランドも裏門は狭い方と捉えられる。イングランドでは、2022年の教員全体の約3％が「無資格教員（teacher without QTS）」と報告されている[2]。ただし、ここで留意する点としては、公営独立学校の存在である。同学校は、公立学校や独立学校とは異なり、教員免許取得が義務化されていない。学校数全体の約4割が公営独立学校となっている状況を踏まえると、裏門の存在は大きくないと考えられよう。

　ドイツとノルウェーに関しては、上記の4か国と比べると、裏門がやや広くなる。ドイツでは、近年の教員不足を背景に、2019年において新任教員全体の約9.2％がメインとなる通常のルート以外から入職している（前原2022）。第1章で論じられているように、通常のルート以外のルートも大きく4つに分類することができるだけでなく、難民の教師教育にあるように、特定の教員をターゲットにしたルートも整備されており、状況が変化していることがわかる。ノルウェーでは、2019年において教員全体の約5.7％が採用に必要な要件を満たしていないとされている（Utdannings-Direktorate 2019）。これは、第3章でみられたように、へき地を中心とした教員免許を有

---

1)　文部科学省「教員免許状授与件数等調査について」（https://www.mext.go.jp/a_menu/shotou/kyoin/1353329.htm　2023年11月17日最終アクセス）および文部科学省令和2年度学校基本調査（https://www.e-stat.go.jp/stat-search/files?page=1&toukei=00400001&tstat=000001011528, 2023年11月17日最終アクセス）

2)　GOV.UK, Explore education statistics（https://explore-education-statistics.service.gov.uk/data-catalogue/school-workforce-in-england/2022, 2023年10月29日最終アクセス）

していない教員の存在を意味しており、裏門の広さを示すものと言えよう。

　最後に、相対的に裏門が広いと分類されるのがアメリカである。アメリカでは、全米において 2021‒2022 年の無資格教員（not fully certified teacher）が教員全体の約 9 ％に及んでいると指摘されている（Franco & Patrick 2023）。この状況は、もちろん州によって異なる。第 3 章で取り上げたテキサス州では、2021‒2022 年の新任教員の約 20 ％が教員免許を有していない、または臨時免許状で教壇に立っており、裏門の存在が大きいことがわかる[3]。

2．二軸に基づく類型化の試み

　以上、多様な教職ルートをメインとなる教職ルートと裏門の存在という二つの観点から整理してきた。この二つの観点を軸にして、類型化を整理すると、図 3 のようになる。

　第 1 象限は、メインルートは明確であり、無資格教員等による入職もあることを意味する。メインルートを明確にしながらも（高度化や厳格化等）、裏門を開けているパターンであり、ドイツとノルウェーが該当する。第 2 象限は、通常の教員免許・資格取得のルートが多数混在し、無資格教員等による入職もあることを意味する。通常ルートを多様化しながら、さらに裏門も広げているパターンであり、アメリカが当てはまる。第 3 象限は、通常の教員免許・資格取得ルートが多数混在し、無資格教員等による入職はわずかであることを意味する。通常ルートを多様化する一方で、裏門からの入職を狭くしているパターンであり、イングランドが該当する。そして第 4 象限は、メインルートは明確であり、無資格教員等による入職はわずかであることを意味する。メインルートを明確に保ちながら、かつ裏門を狭くしているパターンであり、オーストラリア、タイ、中国、日本が含まれる。

3）　Texas Education Agency, *Employed Teacher Attrition and New Hires 2007‒08 through 2021‒22*（https://tea.texas.gov/reports-and-data/employed-teacher-attrition-and-new-hires-jbl220825.pdf, 2023 年 10 月 29 日最終アクセス）

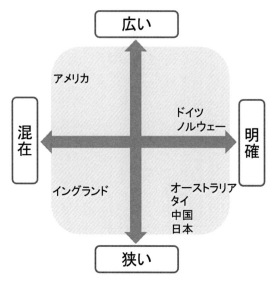

図3　二軸に基づく類型化

（注）筆者作成

　各国の多様な教職ルートは、以上のように4つのパターンに大きく分類することができる。ただし、これはどの類型が優れているかを示すものではない。例えば、アメリカは「正門も広く、裏門も広い」という意味では、序章でも指摘したように専門職としての教員の養成・採用制度としては、「誰でも教員になれる」という点において問題があると捉えられる。しかし、「正門が広い」背景には、単なる量的な教員不足ではなく、特に人種をめぐる質的な教員不足の問題が存在する。従来の大学における教員養成のみでは、「教員の多様化」（diversifying teachers）を進めることができず、また社会経済的に厳しい学区にある学校で働く際に必要な力量を身に付けることも難しい。そこで、通常ルートを多様化することで、問題の解決を図ろうとしているわけである。

　またこの類型化は、本稿執筆時点（2023年）の制度や実態から導き出されたものであることも考慮しなければならない。つまり、各国の政策動向によっては、大きく変動することが想定できる。例えば、第2章で述べたように、ノルウェーでは、メインルートを強化（高度化）し、実務要件のみで資格

を満たすという裏門を閉じる方向性を確認できる。対して、日本の場合は、臨時免許状や特別免許状の積極的活用が促されていることを踏まえれば、裏門を広げようとする方向性を確認できる。この点、多くの国において裏門の開放は教員不足への苦肉の対応策として存在している状況に対して、日本の文脈では「肯定的」に捉えられている側面がある。例えば、特別免許状の活用で社会人経験の多様な人材を学校に惹きつけることができるといった言説がそれに該当する。こうした各国の政策の方向性が、どのような結果を生み出すのかについては、今後も注視する必要があろう。

3．これからの日本の教師教育を考える
(1) 日本における教員不足問題の概況

　本書でもすでに随所で触れてきたように、2020 年代に入り、日本の学校教育問題の論点の一つとして「教員不足」問題が大きくクローズアップされてきた。文部科学省が 2022 年 1 月 31 日に発表した「『教師不足』に関する実態調査」によると、地域の実情による様々な対応を取り上げつつ、調査結果の数値については "限定的" にとらえることに注意喚起した上で、継続した動向の追跡を目指している[4]。総じて、小学校〈学級担任不足〉・中学高校〈教科担任不足〉の動静は、数値上では主に、小学校現場の危機状況が色濃く、中学高校は各地各教委の対応が "効いている"（解消している）との報告になっている。同報告で文部科学省は、その要因を、①見込み数以上の必要教師数の増加、②臨時的任用教員のなり手不足、と見通している。

　この「教員不足」問題に対する構造と要因の分析については、巷でも多くの識者が著しており、各書で危機感を募らせて論じている（妹尾 2020、週刊東洋経済編集局 2022、クレスコ編集委員会・全日本教職員組合 2022、氏岡 2023、山﨑ほか編 2023 等）。ただし、いずれもこの問題の要因に挙げる構成要素のラインナップに大差はない。問題の基盤は、そもそも〈教員の未配置〉

---

4)　文部科学省による「教師不足」は、「臨時的任用教員等の確保が出来ず、実際に学校に配置されている教師の数が、各都道府県・指定都市の教育委員会において学校に配置することとしている教師の数（配当数）を満たしておらず、欠員が生じること」と定義される（文部科学省 https://www.mext.go.jp/a_menu/shotou/kyoin/mext_00003.html 2023 年 10 月 29 日最終アクセス）

という絶対数の未確保である。教育公務員として数が定められ、児童生徒が一定数いれば自ずと配置する教員数は決まってくる。しかしその絶対数が足りていないのである。その直接要因として、教員社会の世代交代とそれに伴う育産休等代替教員要員の枯渇、風評被害と言うべき"教職忌避"による入職者減、さらに病休等に伴う離職者や早期退職者の増加が予測を上回って顕著になっていること、とどれをとっても根深く、一朝一夕に解決可能なものではない。さらにこの背景には、"ブラック○○"（○○には、部活動や校則等、学校に関する語句が様々に入る）と揶揄する風潮や、日本社会全体を揺り動かす「働き方改革」の機運が、覆い包むように、世代や地域を超えて広がっている。先に挙げたどの識者も、エビデンスとしてこれらの実情について数値で示し、この問題の複合性を指摘し、短期決戦では解消しない深刻さと危惧を論じる。ただし、本来、我々研究者や"学識者"と呼ばれる専門的立場にとって、こうした深刻かつ重大な社会問題に対して、妙案や有効策を発案し、社会貢献を期するべきであろうが、哀しいかな、危惧を憂い、警鐘を奏でるに留まるのが現状である。

(2) 国際比較研究というアプローチ

一方、現在世界の多くの国々でも、いわゆる「教員不足」（教職のなり手不足）が問題となっている。現時点では、この世界的な動向の原因の分析と対策の方向性や有効性の掌握については、今後の研究調査の進展を待たねばならない。それでも、日本でも蔓延するこの状況に光明を照らす手がかりを求めて、日本教師教育学会第11期課題研究部会チームとして集まり、この問題についての各国の現状を、とりわけ「多様な入職ルート」に特化して、概況を掌握し、構造的に理解しようと取り組んできた。その成果が本書であり、今後この研究をいかに継承し、展開していくのかを見取るためにも、ここで再確認しておきたい。

第一に、言わずもがな、国際比較研究で取り組んでいく上で、"百花繚乱""所変われば品変わる"的な結語は、到達点として決していただけるものではない。多様さを"多様である"と語るに留まるのは何も説明していない。たとえ少しでもその多様さを極小細部まで分析を試みるなり、微積分して大

勢を捉え直すなり、合理的説得力を求めつつ、その多様な対象を取り上げることに説明をつける意義を掲げて推し進めるべきである。国際比較研究を通して、教育的事象に対してある対策・手法を採るときに、「いかになぜ、良いと言えるのか、他の参照点を提供しながら説得ある手法で示す必要」（丸山2019、333頁）がある。その「他の参照点」を合理的に示しうる手段としてこそ、「比較の手法」は本領を発揮するはずである。

　次に、比較教育研究を手法に業界や社会に貢献するには、「現地語の運用能力、現地を訪問できる時間や金銭などの資源、研究対象への感受性と想像力、国際機関などの報告書を読み解く力、日本人なら日本の課題を詳細に説明できること、データ処理能力など」（同上、316頁）のなかから一つ以上の技能等を必要とみなす向きがある。本研究チームは幸いにも、どの成員もこれらのうちの大半を持ち合わせるエキスパートが集まった。さらに重要なのは、それを持ち寄り相互に"学び合う"、対話する姿勢を持ち合わせていたことである。アメリカ、ドイツ、イングランド、ノルウェー、オーストラリア、中国、タイ等、全世界的規模で、国や地域が異なる情報を持ち寄ったが、それを、各国各論で終えるものではなく、各国・各エリアの状況を論じる度に、互いに反芻するように、各国の事情を視点として取り出し、あてはめては照らし比べ、また再帰的にそれぞれに返すという思考作業を重ねたからこそ、いうなれば"有機的"に結びついた互いの学びの結びとなった。こうして精査した比較調査の結果は、そもそもが、各国の実情を知る物見遊山止まりではなく、いずれ「教員不足」問題を探っていくために得ようとしたものである。

　それでも課題を残してきている。一つは、〈比較研究的にみる眼〉をさらに研ぎ澄ます必要性がある。いつの世も、どの分野領域も、国際比較の見地は、だれにとっても興味を促すものにちがいない。"物見遊山"は"隣の芝生"と映るかもしれないし、性急に"他山の石"を求めてしまうかもしれない。そもそも、国際比較研究は、"異なる"ものを居並べ、対照するものである。簡単に移植可能なものもあるかもしれないが、多くは、基盤やシステムの違いから互換性を持たない場合が少なくない。相対的に見比べながら、問題は何であるのかというその本質を問う慎重な姿勢が常に求められる。安直な代案や正解を性急に見出そうと焦るべきではない。この点にまずは自戒の意味でも

留意しておきたい。

　もう一つは、国際比較というアプローチに根差す根本的な課題、すなわち、言語の問題である。先に日本教師教育学会において研究チームとしてユネスコ資料の翻訳書の刊行にあたった百合田は、「翻訳は単に一つの言葉を別の言葉に変換する営みではなく、本来の言葉がその内部にもつ価値体系や経験を、別の言葉の価値体系や経験の文脈に照らして明らかにする選択的で政治的な行為である」（百合田 2022、vi 頁）とその作業の本質に釘を刺す。たとえ取り上げる事象が、一見理解可能な行政上の語句や専門用語で示されていたとしても、そこに込められる機能や属性、内包や外延はそれ相応に定められるかもしれないが、運用実態を伴う不文の要素も当然入り混じる。そのため、本研究チームが「入職ルート」と仕分けた、各国それぞれの教育職の立場や身分等に対して、その社会的意義や機能が、そもそも相互に一致する見込みへの楽観視は禁物である。その擦り合わせには、各国の教職の観念や職分、専門性などの確認作業を自動的に伴う。そこには必ず実態や運用上のグレーゾーンや不文律を伴い、緩やかにその社会でのシステムを形作っているはずである。そこを丹念に取り扱い、照らし合って、突き進める先にこそ、「（そこでは）だれが教師になるの？／だれは教師になれるの？」という問答に行き当たることができるだろう。

　本チームが、協働作業として「多様な入職ルート」を対象とし、総括的な議論を試みようとしてきたことは、この先に見据える問題の重要な探索針となるはずである。世界的な動向としての「教員不足 Teacher Shortage」問題である。

(3) むすびに

　あらためて、この研究チームは、教師教育を基盤に集った、各教育関連諸学問の専門家の集まりである。アプローチとしての国際比較研究を採り、主たる視線として教育制度論・教育政策論を置いて、力を合わせてきたわけだが、今後も研究調査を進めていくにあたって、教師教育に対して、どのように提言や還元を成していくのか、最後に確認しておきたい。

　教師教育を基盤に国際比較研究を進める上では、教師教育の動態を全体像

として捉えることと、比較の目的と方法により自覚的になることに留意しておく必要がある（吉岡 2017）。

　教師教育の動態を全体像で捉えるということは、政策や制度が端的に機能していると単純視したり、単一の視点で現象全体が説明可能となるわけではないことの裏返しである。教育や教職は法制度とその運用や実際、機能や意味付けなど、複合的に機能する実態であるからこそ、各要素に分解して限定し、各論で論じるだけでは見過ごすか見誤るにちがいない。教師教育研究としては、まずは、pre-service から in-service への連なりとして、養成－採用－研修を見通しながらの理解・解釈と分析・総合を進める姿勢を保持していく必要がある。

　また、目的と方法の自覚化と明示は、何をデータとして取り扱うのか、そのアクセシビリティや偏りに対する注視を必要とする。国家体制や制度が異なれば、データの出所はもちろん、その採取法や精度の差異も当然想定される。異なる二国間の比較研究においても重要となるこの留意点を、さらに、今後もこの研究チームで企図する多国間比較研究においては、むしろ重層的に進めていくことを自戒を込めて留意していかねばならない。教職という、その社会の根幹に影響する社会的存在、その現状と変容の過程、その未来のあり方を探っていくためにも、論拠とするエビデンスに対する視線と姿勢のあり方には細心の注意を払う必要がある。なぜならば、2020 年代の現代において、Society5.0 や加速的に進展する AI 技術に大きく変貌を後押しされる社会インフラやあり方、また記憶も生々しい新型コロナ禍や旧くも新しい争乱をみる世界的情勢の変化、グローバリズムの拡張とそれに相反する新しい分断、多様性と共生を天秤にかけるこの世界のなかで、生き方や暮らし方、働き方をも大きく変えていく時代の文脈の中で、旧来アカデミズムとして培ってきた研究アプローチにもさらに一層の配慮を加えていく必要がある。

　教師教育研究として、何がどう効き影響しているのか、どこにどのようにその調整や改編を施す目途をつけていくのか、教員の需給という問題に対して、即効的・決定的な知見を焦らず、細やかに方法上の再帰的な調整を重ねたりリライトが可能な、アップデイトに開いたアプローチを心掛けて、喫緊の問題状況に対峙していくことがますます求められていくだろう。

引用・参考文献

- 氏岡真弓（2023）『先生が足りない』岩波書店。
- クレスコ編集委員会・全日本教職員組合（2022）「【特集】なぜ、「教員不足」なのか⁉」『クレスコ』No.259。
- 週刊東洋経済編集局（2022）『教員不足の深層 崩れる公教育（e ビジネス新書 No.431）』東洋経済新報社。
- 妹尾昌俊（2020）『教師崩壊 先生の数が足りない、質も危ない』PHP 研究所。
- 前原健二（2022）「ドイツの中途入職教員関連施策の現状と課題」『東京学芸大学次世代教育研究センター紀要』第 2 巻、9-16 頁。
- 丸山英樹（2019）「比較教育学 差異化と一般化の往復で成り立つ」『教育学年報 11 教育研究の新章』世織書房、pp.315-337。
- 山﨑洋介・杉浦孝雄・原北祥悟・教育科学研究会編（2023）『教員不足クライシス 非正規教員のリアルからせまる教育の危機』旬報社。
- ユネスコ編、日本教師教育学会第 10 期国際研究交流部／百合田真樹人・矢野博之編訳（2022）『教育を再考する グローバル時代の参照軸』学文社。
- 吉岡真佐樹（2017）「比較研究」日本教師教育学会編『教師教育研究ハンドブック』学文社，pp.78-81。
- Franco, M., & Patrick, S. K. (2023), *State teacher shortages: Teaching positions left vacant or filled by teachers without full certification.* Learning Policy Institute. https://learningpolicyinstitute.org/product/state-teacher-shortages-vacancy-resource-tool, (2023 年 10 月 29 日最終アクセス)
- Utdannings-Direktorate (2019), *The Norwegian Education Mirror, 2019.* (https://www.udir.no/in-english/education-mirror-2019/compulsory-education--facts-and-learning-outcomes/#pupil-to-teacher-ratios-and-required-qualifications, 2023 年 10 月 29 日最終アクセス）

執筆者一覧

佐藤　仁（まえがき、序章、終章1・2）
　福岡大学人文学部・教授

辻野　けんま（第1章）
　大阪公立大学文学部・准教授

中田　麗子（第2章）
　信州大学大学院教育学研究科・研究員（ウプサラ大学・客員研究員、オスロメトロポリタン大学・客員研究員）

小野瀬　善行（第3章）
　宇都宮大学・准教授

植田　みどり（第4章）
　国立教育政策研究所・総括研究官

矢田　匠（コラム①）
　フィンランド国立教育研究所・ポスドク研究員（兵庫教育大学・客員准教授）

伊井　義人（第5章）
　大阪公立大学文学部・教授

牧　貴愛（第6章）
　広島大学国際教育開発プログラム・准教授

張　揚（第7章）
　北海道大学・講師

田中　光晴（コラム②）
　文部科学省総合教育政策局・専門職

山下　達也（コラム②）
　明治大学文学部・教授

原北　祥悟（第8章）
　崇城大学総合教育センター・助教

北田　佳子（第9章）
　埼玉大学教育学部・教授

矢野　博之（終章3）
　大妻女子大学家政学部・教授

多様な教職ルートの国際比較　教員不足問題を交えて

2024年3月19日　初版発行

編　者　日本教師教育学会第11期課題研究Ⅲ部

編著者　佐藤　仁

発行所　学術研究出版
　　　　〒670-0933　兵庫県姫路市平野町62
　　　　［販売］Tel.079(280)2727　Fax.079(244)1482
　　　　［制作］Tel.079(222)5372
　　　　https://arpub.jp

印刷所　小野高速印刷株式会社

©Nihon Kyoshi Kyoiku Gakkai Dai 11 Ki Kadai Kenkyu Ⅲ Bu, Hitoshi Sato
2024, Printed in Japan
ISBN978-4-911008-33-1

乱丁本・落丁本は送料小社負担でお取り換えいたします。

本書のコピー、スキャン、デジタル化等の無断複製は著作権法上での例外を除き禁じられています。
本書を代行業者等の第三者に依頼してスキャンやデジタル化することは、たとえ個人や家庭内の
利用でも一切認められておりません。